5-7, rue de l'Ecole-Polytechnique, 75005 Paris

www.harmattan.com

ISBN : 978-2-343-12132-1
EAN : 9782343121321

La liste Noire à Hollywood

Pour Comprendre

Collection dirigée par Jean-Paul Chagnollaud

L'objectif de cette collection *Pour Comprendre* est de présenter en un nombre restreint de pages (176 à 192 pages) une question contemporaine qui relève des différents domaines de la vie sociale.

L'idée étant de donner une synthèse du sujet tout en offrant au lecteur les moyens d'aller plus loin, notamment par une bibliographie sélectionnée.

Cette collection est dirigée par un comité éditorial composé de professeurs d'université de différentes disciplines. Ils ont pour tâche de choisir les thèmes qui feront l'objet de ces publications et de solliciter les spécialistes susceptibles, dans un langage simple et clair, de faire des synthèses.

Dernières parutions

Paul NDA, *Sociologie politique, Pour comprendre ce qui se joue, se décide et se passe ici et ailleurs, avec sa géométrie variable,* 2017

Emmanuel FRAISSE, *Les anthologies en France*, 2017.

Simon LAFLAMME, *L'autonomisation des sciences humaines. Théories en sciences humaines au XXe siècle*, Tome I, 2016.

Laurence HARANG, *Pour une communauté humaine et animale, La question de la dignité animale*, 2016.

Marc AUGIER, *La société numérique*, 2016.

Michel BOURSE, *Les Cultural Studies. Essai*, 2015.

Aimé FAY, *Le Capital en quelques mots. De Platon à nos jours*, 2015.

Dominique JOSSE, *L'avenir de l'homme postmoderne, L'urgence de retrouver nos racines*, 2015.

Gérard PETITPRÉ, *La Constitution du 4 octobre 1958 de A à X*, 2014.

Charlotte GRÉ, *Street Art et droit d'auteur. À qui appartiennent les oeuvres de la rue ?*, 2014.

Patrice VIVANCOS, *De la Culture en Europe. De quoi est-il question quand nous agitons ce mot « culture » ?*, 2014.

Élisabeth Chamorand

La liste Noire à Hollywood

L'Harmattan

Sommaire

Chronologie 9

Introduction 15

Les forces en présence à Hollywood des années 30 à 1945 17
Les studios dans les années 30 17
La lutte pour la syndicalisation des cinéastes 20
Le Front populaire 36-39 et 41-44 24
Le contenu des films 27
L'hostilité de la droite envers les cinéastes de gauche 32

La Liste Noire, 1945-47 39
Le tournant politique en 1945 39
L'élimination d'un syndicat progressiste d'Hollywood 41
La croisade anticommuniste 46
La croisade anticommuniste à Hollywood 51
L'audition des témoins communistes en 1947 par la commission HUAC 55

La liste Noire s'étend : de novembre 1947 aux années 70 61
L'opinion publique après la condamnation des Dix d'Hollywood 61
La croisade anticommuniste s'intensifie 65
Les cinéastes de gauche au ban de la société 70
Les nouvelles orientations de la production cinématographique 78

Les cinéastes communistes d'Hollywood et le CPUSA 83
De loyaux citoyens américains 83
Pourquoi ils ont adhéré au CPUSA ? 84
Leur attitude envers l'URSS et le CPUSA 87
La fin de la Liste Noire ? 94

Conclusion 97
La terreur de la Liste Noire 97

Abréviations 103

Bibliographie 107

Chronologie :

Avril 1933 : fondation de la Guilde des scénaristes (Screen Writers Guild ou SWG)

Avril 1935 : fondation de la Ligue des écrivains américains (American Writers' League ou LAW) pour lutter contre le fascisme

23 juillet 1936 : fondation de la Ligue anti-nazie (Anti-Nazi League de Hollywood)

1937 : fondation du Comité des artistes cinéastes (Motion Picture Artists Committee ou MPAC) pour aider l'Espagne républicaine

12 avril 1937 : la Cour suprême estime que la loi Wagner est constitutionnelle

Mai 1938 : fondation de la Commission sur les activités anti-américaines (House Un-American Activities Committee, ou HUAC), présidée par Martin Dies

Juin 1938 : création du Comité démocrate des cinéastes (Motion Picture Democratic Committee ou MPDC) pour la campagne de Culbert Olson

10 août 1938 : le National Labor Relations Board (NLRB) déclare que le SWG est le seul représentant des scénaristes habilité à négocier avec les producteurs

23 août 1939 : pacte germano-soviétique

Juin 1940 : vote du Alien Registration Act ou Smith Act

22 juin 1941 : l'Allemagne nazie attaque l'URSS

7 décembre 1941 : attaque de Pearl Harbor par le Japon

Décembre 1941 : création de la Mobilisation des écrivains de Hollywood (Hollywood Writers' Mobilization ou HWM)

14 janvier 1943 : création du Comité démocrate d'Hollywood (Hollywood Democratic Committee ou HDC, nouvelle appellation du MPDC) regroupant plus de 200 cinéastes de gauche

Février 1944 : l'Alliance pour la préservation des idéaux américains (Motion Picture Alliance ou MPA) est constituée

Mai 1944 : le dirigeant Browder dissout le Parti communiste américain (CPUSA) et le remplace par une association politique communiste

12 mars 1945 : première grève du syndicat CSU (Conference of Studio Unions)

12 avril 1945 : mort de Roosevelt

Avril 1945 : Browder est critiqué dans un article transmis par Jacques Duclos

Juin 1945 : HDC devient HICCASP

12 février 1946 : article de Maltz « What Shall We Ask of Writers ? » dans *New Masses*

Décembre 1946 : HICCASP devient une branche des Progressive Citizens of America ou ASP-PCA.

Janvier 1947 : création de l'organisation Americans for Democratic Action (ADA)

12 mars 1947 : la Doctrine Truman proclame la guerre froide entre les deux blocs

22 mars 1947 : le décret - loi no 9835 instaure les tests de loyauté

Mars 1947 : auditions de témoins coopératifs par HUAC à Hollywood pendant 5 jours

Mai 1947 : auditions de 14 témoins coopératifs par HUAC à Los Angeles pendant 10 jours

23 juin 1947 : adoption de la loi Taft-Hartley

20-30 octobre 1947 : premières auditions de témoins coopératifs suivies par les auditions des dix cinéastes non coopératifs

20 novembre 1947 : victoire des modérés à l'élection du conseil du SWG

24 novembre 1947 : la Chambre des représentants confirme l'accusation d'outrage au Congrès à une écrasante majorité

25 novembre 1947 : déclaration du Waldorf Astoria

20 juillet 1948 : 12 dirigeants du CPUSA sont arrêtés

Juillet 1948 : création d'un 3e parti : the Independent Progressive Party

Mars 1949 : le Motion Picture Industry Council (MPIC) est fondé par Roy Brewer

8 février 1950 : Joseph R. McCarthy se fait connaître par un discours accusant le Ministère des Affaires étrangères d'être infiltré par des communistes

22 juin 1950 : publication de *Red Channels : The Report of Communist Influence in Radio and Television* par American Business Consultants

Mai 1953 : mort de Staline

1954 : amendement anticommuniste à la constitution de la Guilde des scénaristes

Décembre 1954 : Joseph McCarthy blâmé pour une conduite inconvenante pour un membre du Sénat des Etats-Unis

14 décembre 1955 : le conseil de direction de ASP met fin à ASP

24 février 1956 : Khrouchtchev révèle les crimes de Staline au XXe Congrès du PCUSSR

Début 1958 : la section du Parti communiste de Hollywood se dissout

Mars 1959 : Dalton Trumbo révèle qu'il est le Robert Rich qui avait été récompensé en 1956 pour le meilleur scénario (*The Brave One*)

1970 : la Guilde des scénaristes abroge l'amendement anticommuniste de 1954

Introduction

De nombreux articles et ouvrages ont paru sur la controverse suscitée par la condamnation des Dix d'Hollywood en 1947 et la chasse aux sorcières des années 50, reflétant les partis pris idéologiques des uns et des autres. Les Dix d'Hollywood ont été condamnés pour avoir été des traîtres au service d'une puissance étrangère, ou décrits comme des victimes de l'extrême droite anticommuniste fanatique. Les studios d'Hollywood décidèrent en 1947 de mettre fin à l'emploi de dix de leurs cinéastes communistes, puis à partir de 1951, de soumettre des centaines de cinéastes communistes, sympathisants ou « libéraux » (dans le sens de progressistes) à des enquêtes et des interrogatoires ; il fallait s'assurer que ces cinéastes avaient rompu avec le Parti communiste américain (CPUSA) ou des organisations ou des activités favorables au CPUSA avant de les embaucher ou de continuer à les employer comme scénaristes ou réalisateurs. Ceux qui perdaient leur travail ou ne parvenaient pas à en retrouver étaient sur la Liste Noire d'Hollywood.

Mais à partir de la fin des années 70, plusieurs études historiques s'appuyant sur une large documentation, ainsi que sur des mémoires et des interviews de nombreux protagonistes ont permis de mieux comprendre le rôle et les responsabilités de chacun. *The Inquisition in Hollywood*, 1979, qui reste le livre de référence sur la chasse aux sorcières à Hollywood, attribue le tournant pris par l'administration Truman au lendemain de la seconde guerre mondiale, à une opinion publique hostile aux communistes : « les dirigeants des studios et ceux qui finançaient les films cédèrent devant ce qui était à leurs yeux les forces largement supérieures de l'opinion publique hostile »[1].

Les Etats-Unis avaient affronté une grave crise économique dans les années 30, une période durant laquelle le militantisme des ouvriers avait conduit l'administration Roosevelt à voter d'importantes réformes sociales. Durant la première moitié des années 40, les grandes entreprises s'étaient considérablement enrichies grâce à l'effort de guerre, et les forces conservatrices, notamment les Républicains, avaient renforcé leur présence au Congrès et dans les assemblées législatives des Etats aux élections de fin d'année 1938. Après la fracture entre communistes et libéraux pendant la durée du pacte germano-soviétique, et la poussée des conservateurs en 1939 - 1940, puis la renaissance d'un Front populaire patriotique de 1941 à 1945, l'équilibre entre les forces de gauche et de droite avait-il été profondément modifié ? Y avait-il une montée en puissance de l'anticommunisme qui explique le climat de peur et d'hystérie qui se développa à Hollywood à partir de 1947 jusqu'aux années 70 ? L'examen des forces en présence dans le milieu du cinéma permettra de répondre à ces questions.

---

1 Ceplair, Larry et Englund, Steven, *The Inquisition in Hollywood*, Politics in the Film Community, 1930-60, p 297

Les forces en présence à Hollywood des années 30 à 1945

Les studios dans les années 30

Dans l'industrie du cinéma, un oligopole depuis les années 30, huit studios (les cinq grands : MGM, Paramount, Fox, Warner Bros., RKO, et trois plus petits, Universal, Columbia et United Artists) dominaient le marché, mais la transition du cinéma muet au cinéma parlant avait bouleversé l'industrie : pour installer les nouveaux équipements industriels du cinéma parlant, les magnats à la tête des studios eurent besoin d'emprunter de l'argent et furent contraints de s'adresser aux grands établissements bancaires de la côte Est et de renoncer à leur contrôle sur l'industrie du cinéma. Ces banques furent alors en mesure de revoir les scénarios et les projets des producteurs, de les approuver ou de les rejeter. De leurs employés siégeaient dans les conseils d'administration et les commissions des finances des studios. En même temps, the Bank of America, située en Californie, avait de nombreux magnats de Hollywood dans son conseil d'administration.

Au début des années 30, les studios se mirent en quête de scénaristes compétents, capables d'écrire des dialogues de films ; de nombreux acteurs, dramaturges, romanciers et journalistes quittèrent New York et Broadway pour chercher fortune à Hollywood, mais malgré la place importante du scénariste au centre de la création des nouveaux films, les producteurs n'envisageaient pas de leur accorder de contrôle ; ils avaient créé dès 1927 un syndicat maison, The Academy of Motion Picture Arts and Sciences, regroupant producteurs, réalisateurs, scénaristes, acteurs et techniciens, pour contrer toute velléité de la part de leurs personnels de s'organiser en syndicat.

Les salaires

En 1931, « les salaires des scénaristes ne comptaient que pour 1,5 % de la masse salariale de l'industrie du cinéma »[2]. « Un résumé de la loi The National Recovery Act de 1934 rapportait que 50 % des scénaristes d'Hollywood gagnaient moins de 4 000 dollars par an, 40 % moins de 3 000 dollars, 30 % moins de 2000 dollars »[3] ; une enquête sur les conditions de travail et les salaires des scénaristes en 1939 révélait que : « 50% des scénaristes à Hollywood en 1939 gagnaient moins de $ 120 par semaine » ; selon l'historien américain, Gerald Horne, « c'était décent, mais pas une fortune »[4], et nombreux étaient ceux qui ne travaillaient pas toute l'année dans une industrie qui brassait des millions de dollars. Ce qui révoltait les scénaristes dans les années 30, c'était qu'une poignée de producteurs en chef, de propriétaires de studios et de membres de conseils de direction à New-York reçoivent de 20 à 25 % des revenus nets des cinq grands studios[5]. Le magnat Louis B. Mayer reçut 1,3 million en salaire et primes en 1937[6] ; quant à son bras droit, le producteur en chef, Irving Thalberg, il gagnait plus de 4 000 dollars par semaine au début des années 30[7]. Il n'est

2 *The Inquisition in Hollywood,* p 3
3 Nancy Lynn Schwartz, *The Hollywood Writers' Wars,* p 25
4 Horne, Gerald, *The Final Victim of the Blacklist,* p 141
5 *The Inquisition in Hollywood,* p 20
6 Clayton R. Koppes & Gregory D. Black, *Hollywood Goes to War,* p 10
7 *The Hollywood Writers' Wars,* p 9

pas alors étonnant que les jeunes scénaristes qui ne gagnaient que 35 dollars par semaine aient été les militants les plus actifs à MGM en 1938 pour obtenir la reconnaissance de leur syndicat, la Guilde des scénaristes (the Screen Writers' Guild ou SWG)[8].

Les génériques :

Importance de la question des génériques pour le salaire et l'emploi des scénaristes.

Avant la fondation du SWG en 1933, les scénaristes d'Hollywood étaient traités avec mépris. Devant une commission du Congrès à Washington, John Howard Lawson affirma en 1936 que « des scénaristes de renom sont traités comme des garçons de bureau »[11]. En effet, si le scénariste louait ses services à un studio, il lui fallait trouver assez de travail pendant une période de 35 à 40 semaines par an pour vivre convenablement, ce qui était difficile dans une période de sous-emploi ; s'il travaillait sous contrat, « il n'était pas rare que 8 à 10 scénaristes travaillent à un scénario et que les noms de parents des producteurs, de leurs partenaires de golf ou de bookmakers figurent étrangement au générique »[9], rappelait Lawson en 1977. Or la règle était que même un scénariste qualifié ne pouvait être promu par le producteur du studio, ou trouver un emploi dans un autre studio pour un salaire équivalent, que si son nom apparaissait au générique de plusieurs films ou d'un film qui avait eu beaucoup de succès Les jeunes scénaristes à MGM étaient traités comme des larbins, « plus exploités que des plombiers ou des mineurs »[10] selon le scénariste Lester Cole. Ils devaient enchaîner les tâches ingrates qui

8 Lester Cole, *Hollywood Red,* p 128

9 *The Final Victim of the Blacklist,* p 92

10 *Hollywood Red,* p 128

leur étaient assignées, et leurs noms n'apparaissaient pas aux génériques de films qui pouvaient rapporter gros à leurs ainés qui avaient exploité leurs idées de scénarios. De plus, le scénariste devait accepter que son travail soit remanié et déformé par un ou plusieurs autres scénaristes sur ordre du producteur, ou même par le producteur ou le réalisateur, et que son nom n'apparaisse au générique que pour une partie infime de la production, ou même pas du tout. Un scénariste très apprécié comme Donald Ogden Stewart prit conscience qu'il n'était qu' « un professionnel très bien rémunéré pour fournir à ses employeurs ce qu'ils voulaient. Et ce fut le moment où Hollywood perdit son attrait » pour l'artiste qu'il était, écrit-il[11]. Dans le chapitre intitulé « Hollywood trouve un allié » dans *Hollywood Red*, ce n'est pas l'artiste Lester Cole qui est bafoué à Hollywood, mais l'homme politique de principes et de convictions : un producteur de Paramount trompa Lester Cole en lui faisant croire qu'il maintenait la version de son scénario, quand, en fait, il avait fait réécrire deux scènes qui changeaient le sens du film et allaient à l'encontre des convictions profondes de Lester Cole ; le réalisateur, Frank Tuttle, alors membre du CPUSA, qui deviendra un communiste repenti devant la commission sur les activités anti-américaines, l'avait aussi trahi en laissant faire, sans doute pour préserver sa place à Paramount, ce que Lester Cole lui reprocha amèrement

La lutte pour la syndicalisation des cinéastes

Evoquant en 1997 l'opposition des studios à la syndicalisation des scénaristes et des acteurs, le réalisateur Jules Dassin rappelle que « l'organisation d'un syndicat exigeant de meilleures rémunérations et la reconnaissance de droits (pour les scénaristes), dont des droits d'auteurs,

11 Donald Ogden Stewart, *By A Stroke of Luck*, p 199

comme dans le théâtre, était impossible à accepter pour les producteurs », comme en témoigne le défi lancé par Louis B. Mayer, le magnat à la tête de MGM, à Jules Dassin, son scénariste : « Croyez-vous qu'on va vous donner le pouvoir ? Nous avons une centaine de millions de dollars pour vous combattre. Pouvez-vous rivaliser ? » Et Jules Dassin d'ajouter : « L'exigence du scénariste d'être considéré le créateur - et de gagner une juste part de ce que rapporte un film - c'est ce qui conduisit l'industrie du cinéma à le combattre ». « Nous lancions un défi à toute l'organisation des géants de l'industrie américaine » en 1933[12].

Quatre ans après le début de la crise économique de 1929, les cinq grands studios connaissaient des difficultés dues en partie à un développement inconsidéré de leurs chaînes de cinémas et en partie à la baisse des entrées dans les salles de cinéma, si bien que le 8 mars 1933, ils se déclarèrent dans l'impossibilité de payer leur personnel, et le jour suivant, décidèrent d'imposer pendant quelques semaines une réduction de 50 % des salaires de leurs employés qui gagnaient 50 dollars par semaine ou plus. Seuls les ouvriers syndiqués de l'International Alliance of Theatrical Stage Employees (IATSE) refusèrent d'accepter la réduction de leurs salaires ; les scénaristes décidèrent alors de suivre leur exemple, et de s'organiser en syndicat.

Trois mois plus tard, en juin 1933, l'administration Roosevelt parvint à faire adopter la loi The National Industrial Recovery Act (NIRA), dont la section 7A donnait aux salariés le droit de s'organiser, et à leurs représentants de négocier collectivement avec les employeurs. Un mois plus tard, les scénaristes créèrent leur propre syndicat, la Guilde des scénaristes, The Screen Writers' Guild (SWG), suivie par la Guilde des acteurs, The Screen Actors Guild

---

12 Patrick McGilligan and Paul Buhle, *Tender Comrades*, p 211 et p 209

(SAG). Le NIRA ne donna pas les résultats escomptés ; dans le cas du cinéma, les dirigeants des studios parvinrent à repousser les tentatives de négociations avec le SWG. En mai 1935, la Cour suprême déclara que le système de codes instauré par le NIRA n'était pas conforme à la constitution, mais les sections concernant la syndicalisation avaient été incorporées dans la loi Wagner (National Labor Relations Act) votée en juillet 1935. Cette loi abolissait les syndicats patronaux, protégeait les salariés dans l'exercice de leur droit à négocier collectivement, et interdisait la discrimination visant à décourager la syndicalisation. La section 13 garantissait le droit de grève.

Mais les dirigeants des studios étaient tellement hostiles à la syndicalisation de leurs employés qu'une fois de plus les négociations avec les producteurs et l'Academy échouèrent. Le 2 mai 1936 était prévue une réunion du SWG qui devait voter sur l'affiliation avec la Ligue des Auteurs (the Authors' League), et ratifier l'article 12 du Code SWG (les membres du syndicat devaient s'abstenir de signer des contrats qui iraient au-delà du 2 mai 1938, date à laquelle le SWG espérait pouvoir négocier de meilleurs contrats grâce à la loi Wagner). C'est alors que les dirigeants des studios lancèrent une campagne contre le SWG avant la rencontre du 2 mai 1936 pour susciter des défections et organiser une association élitiste, très conservatrice, rivale du SWG - the Screen Playrights - qui se déclara opposée au 'closed shop', - proposition du SWG d'affiliation obligatoire au syndicat contraignant les studios à n'embaucher que des syndiqués -, condamna le SWG pour son radicalisme et se dit prête à entreprendre 'des négociations raisonnables' avec les studios[13]. Les producteurs déclenchèrent une véritable guerre civile dans le milieu des scénaristes entre les progressistes, accusés par la droite d'être des Rouges, et

13 *The Hollywood Writers' Wars*, p 71

les scénaristes de droite qui se rangeaient dans le camp des producteurs ; de mille adhérents le 2 mai 1936, le SWG en comptait moins d'une cinquantaine à l'automne 1936.

Le 12 avril 1937, la loi Wagner fut validée par la Cour suprême, et le SWG réapparut ; le 7 juin 1938, le conseil chargé de faire appliquer la loi Wagner, the National Labor Relations Board (NLRB), annonça que les scénaristes sont des employés car ils ne contrôlent pas ce qu'ils produisent dans une industrie qui fait du commerce entre plusieurs Etats ; le 28 juin 1938, les scénaristes purent enfin élire le syndicat de leur choix : vote de plus de 4 scénaristes sur 5 en faveur du SWG ; le 20 juillet, procès anti-trust contre les studios qui contrôlent la production, la distribution et la projection des films dans leurs salles de cinéma, procès qui va durer 10 ans, et obliger les studios à se dessaisir de leurs salles après la guerre. Le 10 août 1938, le NLRB établit que le SWG était le seul agent accrédité dans les négociations collectives entre les scénaristes et les studios. Les producteurs ne se résignent pourtant pas à cesser leur hostilité envers le SWG ; en mars 1939, le NLRB est contraint d'intervenir pour annuler les contrats signés avec le syndicat maison, le Screen Playwrights, et ce n'est que le 18 juin 1941, après plus de huit ans de luttes et la menace d'une grève, que le premier contrat est signé par le SWG avec les studios, un contrat renouvelable que tous les sept ans, et dont certaines clauses allaient restreindre le pouvoir du syndicat ; elles seront utilisées contre les scénaristes de 1947 à 1970. Néanmoins, en 1941, les scénaristes obtiennent un salaire minimum de 125 dollars par semaine qui serait effectif un an après la signature du contrat, les licenciements sont contrôlés, et c'est le SGW qui décide, selon des règles précises, quels cinéastes seraient mentionnés aux génériques de films.

Les scénaristes communistes avaient joué un rôle déterminant, ce que n'oublièrent pas les producteurs : John Howard Lawson, son organisateur et son premier président, est congédié par le plus grand studio, MGM, pour son rôle dans l'organisation du SWG ; « j'avais organisé le premier syndicat de professionnels dans une grande industrie contrôlée par la finance »[14], déclara avec fierté John Howard Lawson plus tard. Il avait commencé son discours d'inauguration en 1933 par ces mots : « le scénariste est le créateur de films », souhaitant que le travail du scénariste soit reconnu à sa juste valeur; il ajouta en 1977 que « ces mots suffirent à assurer l'hostilité éternelle des producteurs envers les scénaristes… Je ne pense pas que vous puissiez comprendre la situation qui se développa autour des Dix d'Hollywood, et pourquoi l'attaque eut lieu à ce moment particulier en 1947 sans cette perspective »[15]. Ce furent les scénaristes qui déclenchèrent la syndicalisation des professionnels de Hollywood, presque 60 % des personnes qui furent mises sur la Liste Noire étaient des scénaristes[16], et une proportion importante des plus militants étaient, ou devinrent membres du Parti communiste d'Hollywood. Sur les Dix d'Hollywood qui comparurent devant la commission HUAC, huit étaient des scénaristes communistes.

Le Front populaire 36-39 et 41-44

Parallèlement à la lutte syndicale, engagement grandissant des cinéastes de gauche dans diverses causes : prise de conscience dans le milieu du cinéma de la montée du fascisme en Europe avec l'arrivée de nombreux cinéastes juifs venus d'Allemagne, d'Autriche et de Hongrie, et fondation

14 *The Final Victim of the Blacklist,* p 97

15 *The Final Victim of the BlackList,* p XXl

16 Dan Georgakas, *Hollywood BlackList*

de la Ligue antinazie dont le président est le scénariste communiste Donald Ogden Stewart. La guerre civile en Espagne en 1936 galvanisa Hollywood plus que n'importe quelle autre cause : des scénaristes, des réalisateurs et des écrivains fondent le comité des artistes de Hollywood (The Motion Picture Artists Committee ou MPAC) pour aider les loyalistes espagnols, et un peu plus tard, le comité en faveur des réfugiés espagnols (The Joint Anti-Fascist Refugee Committee ou JARFC) ; « Aucun groupe ne consacra plus, à l'exception possible de la ville de New York, ou même autant, que la communauté des cinéastes d'Hollywood en efforts, argent, endurance and prise de risques pour l'Espagne »[17]. « La variété des mouvements qui proliférèrent durant ces années 37 et 38, qui allaient du JARFC à la Ligue antinazie, aurait existé sans le CPUSA, mais ce que faisait le Parti, c'était de fournir une organisation et un contexte aux efforts politiques à Hollywood »[18]. « Etre progressiste commençait à être à la mode. C'était considéré un signe de décadence ou de stupidité si on n'était pas libéral (dans le sens de progressiste) et très à gauche »[19], rappelle le scénariste John Wexley. Le Parti communiste de Hollywood était comme une famille pour tous ces artistes déplacés des grands centres urbains comme New York, et pour les nombreux réfugiés juifs européens.

Beaucoup de scénaristes soutiennent la campagne de Upton Sinclair pour le poste de gouverneur de Californie en 1934, malgré les pressions exercées par les producteurs : le magnat Harry Cohn à Columbia licencia le scénariste John Howard Lawson parce qu'il refusait de soutenir la campagne du candidat républicain Merriam. En avril 1935, les scénaristes communistes ainsi que leurs sympathisants

---

17 *The Inquisition in Hollywood,* p 117
18 *The Hollywood Writers' Wars,* p 85
19 *The Hollywood Writers' Wars,* P 44

et des libéraux fondent la Ligue des écrivains américains (League of American Writers ou LAW), pour les mobiliser contre le fascisme et aider financièrement les républicains espagnols ; elle regroupe environ 800 écrivains, dont une centaine de scénaristes. Ils militent pour la libération du militant socialiste emprisonné depuis près de vingt ans, Tom Mooney, et en 1938, jouent un rôle essentiel dans la campagne du Comité démocrate des cinéastes, (The Motion Picture Democratic Committee ou MPDC) pour élire Culbert Olson, premier gouverneur démocrate de Californie, et soutenir Roosevelt. Deux jeunes militants qui deviendront des scénaristes, Arthur Birnkrant et John Weber, fondent une école secrète du Parti qui offre à tous les cinéastes d'Hollywood une formation artistique, mais aussi politique. En 1940, dans la période difficile pour le CPUSA qui suit le pacte germano-soviétique, la section d'Hollywood de la Ligue des écrivains américains reprend leur initiative en proposant des cours donnés par d'éminents scénaristes à des jeunes qui aspirent à devenir des cinéastes : l'Ecole des scénaristes. Une semaine après Pearl Harbor, le SWG organise la Mobilisation des écrivains de Hollywood (The Hollywood Writers Mobilization ou HWM) pour coordonner la lutte des écrivains dans le soutien à l'effort de guerre ; « La seule différence frappante entre nous et les non-communistes était que nous tendions à consacrer plus de temps et plus d'efforts aux mêmes causes »[20], écrit le scénariste Lardner En 1943, le HWM organise avec l'université de Californie à Los Angeles (UCLA) un Congrès des écrivains (Writers Congress) dont les membres fondèrent le *Hollywood Quarterly*. La gauche d'Hollywood organise de façon plus formelle l'alliance avec les Démocrates en 1943, pour soutenir Roosevelt : le Comité démocrate de Hollywood (The Hollywood Democratic Committee ou HDC), dirigé par George Pepper, un militant

20 Ring Lardner, Jr. *I'd Hate myself in the Morning*, p 104

communiste. En 1943, le CPUSA met fin à la Ligue des écrivains américains, et ses membres rejoignent le HWM devenue une organisation d'information et de propagande en faveur de l'effort de guerre d'environ 3 500 adhérents. Pour l'historien Gerald Horne, HDC et HWM constituaient alors le Front populaire de la période 1941-1944, des organisations souvent considérées des organisations cryptocommunistes (Communist fronts) par leurs adversaires ; le HWM disparaît lorsque le conseil d'administration du SWG décide en 1945 de ne plus le subventionner ; en début d'année 1945, le HDC se joint à l'organisation nationale, l'Independent Citizens Committee of the Arts, Sciences and Professions ou CCASP, et devient le Hollywood Independent Citizens Council of Arts, Sciences and Professions ou HICCASP, qui constituait, selon George Pepper, « le premier pas dans l'organisation politique, non partisane, et nationale de travailleurs intellectuels, qui influencera nettement la paix »[21].

Le contenu des films

La syndicalisation des cinéastes et le foisonnement d'associations du Front populaire n'avaient en rien modifié le contrôle des producteurs sur le contenu des films. Dès 1934 les studios avaient accordé à l'organisation représentant les grands studios, the Motion Picture Producers and Distributors of America ou MPPDA le droit d'appliquer le code Hays, créant un système relativement strict d'autocensure ; Joseph Breen, un catholique conservateur, anticommuniste, et notoirement antisémite, avait été nommé à la direction du bureau, The Production Code Administration ou PCA, et était chargé d'une censure de classe qui défendait une morale bourgeoise. En plus de la censure de Joseph

21 *The Inquisition in Hollywood,* p 229

Breen, les scénarios devaient obligatoirement être soumis au Bureau fédéral d'enquête (The Federal Bureau of Investigation ou FBI), à l'Eglise catholique, et durant la guerre, à différentes autorités gouvernementales (dont the Office of War Information, et son Bureau of Motion Pictures, et les services de l'armée) ; les huit grands studios dépendaient étroitement des investissements des grandes banques de l'Est qui n'acceptaient aucune scène ou dialogue ouvertement critique des entreprises américaines ; les banquiers siégeaient aux conseils d'administration des studios et de leurs commissions chargées de la gestion financière, et en examinant les scénarios et les projets des producteurs, détenaient une capacité impressionnante de contrôle sur l'industrie.

Pour l'historienne Gerda Lerner qui vivait alors à Hollywood, il était ainsi risible de penser que les scénaristes communistes puissent glisser des messages subversifs dans leurs scénarios. « Il est impossible pour un scénariste d'introduire quoique ce soit dans un film qui déplairait aux producteurs. Le contenu des films est contrôlé exclusivement par les producteurs »[22], soutenait Lawson en 1949. Comme l'explique le cinéaste Abraham Polonsky, pour un cinéaste de gauche, il ne s'agissait pas de glisser un message de propagande dans ses films, mais d'exprimer une attitude philosophique sur le monde : « nous n'étions pas dans le cinéma pour changer le monde, mais pour faire des films. Pour changer le monde, nous étions engagés dans d'autres choses comme la lutte à Hollywood contre les studios et contre le syndicat de droite corrompu, l'International Alliance of Theatrical Stage Employees ou IATSE »[23].

22 Lawson cité dans *The Inquisition in Hollywood,* p 322
23 *Tender Comrades,* p 488

Il n'est ainsi pas surprenant que très peu de scénaristes aient pu aborder certains sujets, tels l'ascension des Nazis en Allemagne ou la guerre civile en Espagne, avant l'entrée en guerre des Etats-Unis ; selon Ben Urwand, *The Collaboration,* 2013, les intérêts économiques des studios et l'idéologie primaient. Une controverse éclata à propos du seul film écrit avant la seconde guerre mondiale par John Howard Lawson concernant la guerre civile en Espagne, *Blockade*, 1938 ; le scénariste communiste fut contraint de présenter le conflit sous la forme d'un mélodrame d'espionnage, sans que les adversaires puissent être identifiés. La dernière phrase du film prononcée par Henry Fonda « Où est la conscience du monde ? » trouva cependant un écho dans la gauche. Néanmoins, l'Eglise catholique, des prélats aussi bien que des prêtres, ainsi que des organisations catholiques de droite comme les Chevaliers de Colomb (Knights of Columbus), favorables à Franco, organisèrent le boycott du film dans tout le pays. Par la suite, les milieux financiers refusèrent de prêter de l'argent au producteur de *Blockade*, Walter Wanger, pour un film sur l'Allemagne nazie. Ce n'est qu'en 1939 qu'est produit par Warner Bros. le premier film sur l'Allemagne nazie, *Confessions of A Nazi Spy* du réalisateur Anatole Litvak qui avait fui l'Allemagne nazie pour Hollywood.

Néanmoins, les scénaristes de gauche ne se sont pas cantonnés à écrire des scénarios divertissants, comme l'ont montré Paul Buhle et Dave Wagner dans *Radical Hollywood*, 2002. Ayant une conscience aiguë des problèmes sociaux de leur pays durant la Grande Dépression et de la portée de leur art, ils décident après Pearl Harbor de se réunir régulièrement pour débattre de leurs films afin de les améliorer. En patriotes convaincus, ils écrivent des scénarios antifascistes durant la guerre, et continuent de lutter contre les préjugés à l'égard des ouvriers, des femmes et des minorités (Noirs, Hispaniques, Juifs) dans les années d'après-guerre. Le scénariste communiste John Bright et le scénariste John Wexley, proche du CPUSA, étaient particulièrement sensibles à la situation des Noirs aux Etats-Unis, mais aussi des Hispaniques à Los Angeles ; ils menèrent à Hollywood la lutte pour sauver neuf adolescents noirs, les « Scottsboro boys », accusés à tort d'avoir violé deux femmes blanches, et condamnés par la justice de l'Alabama. John Howard Lawson était lui aussi particulièrement sensible à la situation des Noirs après trois voyages dans le Sud en 1934 où il fut confronté au fascisme de l'apartheid sudiste, qui le conduisit deux fois en prison. Mais leurs tentatives pour offrir à des acteurs noirs des rôles importants échouèrent souvent ; même durant la période de mobilisation de la guerre, le scénario de *Action in the North Atlantic* de Lawson fut modifié et le rôle du marin noir supprimé.

Pas de programme subversif, pas de propagande prosoviétique dissimulée ; même Louis B. Mayer à la tête de MGM qualifia *Song of Russia,* 1944, « rien de plus qu'une agréable histoire d'amour en musique »[24]. C'est l'administration Roosevelt qui demanda à Warner Bros. et à MGM de produire *Mission to Moscow* et *Song of Russia,* les deux films que la droite qualifia de pure propagande communiste durant la guerre froide ; « Louis B. Mayer n'était pas enthousiaste, mais il a fait ce que le gouvernement lui demandait de faire »[25], explique le cinéaste Paul Jarrico des décennies plus tard.

Que pouvaient-ils faire, les scénaristes communistes à Hollywood ? Lorsque John Howard Lawson accueillit le scénariste communiste Alvah Bessie à Hollywood,

---

24 *I'd Hate Myself in the Morning,* p 5
25 *Tender comrades,* p 339

pendant la guerre, il l'assura qu'« on pouvait faire du bon travail si on comprenait les restrictions de ce moyen d'expression dans ce système particulier »[26]. « Peut-être qu'on ne pouvait pas faire un film révolutionnaire, mais on pouvait certainement modifier l'attitude du public envers les minorités, les femmes, les travailleurs, les gens en général - une attitude humaniste en opposition à une attitude fasciste antihumaine - »[27], défend Jarrico. John Howard Lawson qui, durant les années 30 et durant la guerre, avait pensé que les cinéastes communistes pouvaient faire du travail utile, et avait encouragé les cinéastes de gauche comme Alvah Bessie à faire des films progressistes, déplore en 1949 l'exclusion des Noirs dans le cinéma de Hollywood qui « faisait partie d'un code qui interdit la présentation de vastes pans de la vie américaine : la pauvreté, parce que c'est déprimant, les travailleurs ne peuvent être dépeints dans leur travail ou leurs activités syndicales, parce que cela suggère une critique du statu quo ; les femmes sont tournées en ridicule pour prouver que leur place est à la cuisine ou dans la chambre à coucher »[28]. Lawson avait changé de point de vue sur le rôle du cinéma et s'oppose alors à Michael Wilson, Paul Jarrico et Dalton Trumbo dans leurs fréquents débats sur le cinéma. Lui qui n'avait plus d'offres des studios depuis octobre 1947, en arrive à penser dans son livre *Film in the Battle of Ideas,* 1953, qu'Hollywood n'est qu'un instrument de propagande pour la classe dominante, mais persiste à croire que la pression populaire peut amener les producteurs à modifier le contenu des films : « Il est certainement vrai qu'une protestation organisée, quelque vigoureuse qu'elle puisse être, ne conduira pas Wall Street à abandonner son contrôle sur Hollywood ou à cesser d'utiliser les films pour ses objectifs de classe... Mais la pression

26 Lawson cité par Alvah Bessie dans *Tender Comrades,* p 103
27 *Tender Comrades,* p 334
28 Lawson cité dans *The Final Victim of the Blacklist,* p 151

populaire peut forcer des modifications dans le contenu des films »[29] ; en même temps il prône le développement d'un cinéma indépendant qui ne serait pas contrôlé par Wall Street, comme *The Salt of the Earth.* Les discussions entre deux groupes de cinéastes vont continuer en 1954 lorsque Paul Jarrico songe à distribuer une liste d'une centaine de films dont les scénarios ont été écrits par des scénaristes sur la Liste Noire, films qu'il juge progressistes ; mais Lawson critiqua alors cette proposition ; selon lui, Paul Jarrico et Michael Wilson avaient « une illusion dangereusement réformiste » ; pour Michael Wilson, « l'idée qu'il était impossible d'influencer des films commerciaux était une erreur de la gauche sectaire »[30] ; « de mon point de vue, John Howard Lawson était un sectaire gauchiste, et j'étais un vrai marxiste. De son point de vue, j'étais un opportuniste de droite, et il était un vrai marxiste »[31].

L'hostilité de la droite envers les cinéastes de gauche

Durant la deuxième partie des années 30 et la seconde guerre mondiale, la gauche d'Hollywood avait constitué un mouvement dynamique de lutte contre le fascisme et de contestation sociale dans lequel le Parti communiste avait joué un rôle de premier plan, mais si la gauche de Hollywood avait enfin conquis le droit de se syndiquer, en partie grâce au soutien de l'administration Roosevelt, elle s'était souvent heurtée à l'hostilité de la droite, particulièrement virulente en Californie du sud, et très hostile au Parti communiste américain, le CPUSA. Toute cause de gauche était critiquée comme étant manigancée par le CPUSA : la campagne de Upton Sinclair – mettre fin à la pauvreté en Californie (End

29 John Howard Lawson, *Film in the Battle of Ideas,* p 90
30 Larry Ceplair, *The Marxist and the Movies,* p 135
31 *Tender Comrades,* p 334

Poverty in California, ou EPIC) - est décrite comme une tentative de « russifier » la Californie par les adversaires de droite du candidat Upton Sinclair, dont la presse du magnat William Randolph Hearst devenu un adversaire de droite de Roosevelt vers le milieu des années 30. A Los Angeles, ville de droite, en opposition à San Francisco, la police a un « Red Squad », une escouade rouge, chargée de surveiller les communistes, de collaborer avec la droite et les dirigeants d'entreprises, et de lutter contre l'essor des organisations de gauche durant les années 30.

Le Front populaire (communistes, sympathisants et libéraux) est ébranlé par le pacte de non-agression signé par l'URSS et l'Allemagne le 24 août 1939, et par le revirement du Parti communiste américain qui désormais se déclare hostile à tout engagement militaire des Etats-Unis dans le conflit européen, décrit alors comme une guerre entre des puissances impérialistes. Les libéraux quittent les organisations où étaient présents les communistes, et une des principales organisations du Front populaire, la Ligue des écrivains américains, se divise sur la question de l'aide aux forces qui se battent contre le fascisme en Europe. La coalition communistes-libéraux ne se remettra pas de cette division, même après l'invasion de l'URSS par les troupes allemandes en juin 1941. Durant la période qui va du pacte germano-soviétique jusqu'à l'invasion de l'URSS par les troupes allemandes, le Congrès, où les conservateurs sont plus nombreux depuis 1939, vote plusieurs lois répressives visant le CPUSA, dont le Voorhis Act de 1940 et le Smith Act adopté à la fin de l'été 1940, malgré les efforts de la Ligue des écrivains américains et de l'organisation de défense des droits civiques (American Civil Liberties Union). Le Voorhis Act exigeait l'enregistrement de certaines organisations contrôlées par des puissances étrangères, et le Smith Act déclarait qu'il était illégal pour un Américain d'enseigner, de recommander et d'encourager l'idée de renverser le gouvernement par la force et la violence. La loi est utilisée alors contre les Trotskistes, le Socialist Workers Party de Minneapolis-St Paul. Le CPUSA en fera les frais quelques années plus tard.

La droite d'Hollywood, qui s'était désolidarisée des cinéastes du SWG et avait pactisé avec les producteurs conservateurs hostiles au SWG, peut compter sur le soutien du Federal Bureau of Investigation (FBI), de la Commission de la Chambre des Représentants sur les activités anti-américaines (House Un-American Activities Committee ou HUAC), et de son pendant au niveau de l'Etat de Californie, une commission de parlementaires de Californie, the Fact-Finding Committee on un-American Activities.

Le FBI, dont le directeur est depuis 1926 l'anticommuniste fanatique John Edgar Hoover, voit son pouvoir décupler de 1939 à 1943 sous l'administration Roosevelt : le nombre de ses agents passe de 713 à 7 442 en trois ans[32], ce qui lui permet de surveiller très efficacement militants communistes, sympathisants communistes et la gauche plus généralement. Ainsi dès 1942, Hoover autorise une investigation de l'industrie du cinéma sous le nom de COMPIC (Communist Infiltration - Motion Picture Industry), qui conduit le FBI à constituer, par exemple, un dossier sur le cinéaste Joseph Losey dès son arrivée à Hollywood en 1943, trois ans avant qu'il n'adhère au CPUSA en 1946[33]. En février 1943, un agent du FBI envoie un rapport affirmant que la moitié des syndicats d'Hollywood sont contrôlés par le Parti communiste ou suivent la ligne du Parti ; en mai 1944, Hoover demande à son agent spécial chargé de Los Angeles (SACLA) de dresser une liste des communistes et des

---

32 *The Marxist and the Movies,* p 47

33 Eddie Muller, *Clandestine Grandeur,* p 5, DVD Classics Confidential

sympathisants communistes dans l'industrie du cinéma, liste qui sera ultérieurement transmise au Ministre de la Justice en 1944, et à un conseiller militaire de Truman en 1945[34].

La Commission HUAC, créée en mai 1938 et présidée par Martin Dies, membre du Ku Klux Klan, qui entretenait des relations étroites avec différentes organisations fascistes et antisémites[35] ainsi qu'avec le FBI, est chargée d'enquêter sur les Nazis aux Etats-Unis, mais cherche à discréditer le New Deal en mettant l'accent sur la participation des communistes au Front populaire. Cette commission peut compter sur la collaboration d'une confédération de plus d'une centaine de groupes d'extrême droite, The American Coalition Committee on National Security, qui dès 1938 accuse une variété d'organisations d'être proches du Parti communiste comme l'organisation de défense des droits civiques. Elle a aussi le soutien d'une coalition de dirigeants anticommunistes de la confédération syndicale The American Federation of Labor ou AFL, de l'Eglise catholique, de Protestants intégristes et d'organisations patronales[36]. Deux mois après la création de HUAC, Martin Dies annonce son intention de mener une investigation de la Ligue antinazie, suspectée d'être dominée par les communistes. L'anticommunisme de Martin Dies le conduit même à demander à Jack Warner d'introduire des espions communistes dans un film sur un incident réel d'espionnage allemand aux Etats-Unis en 1939, *The Confessions of a Nazi Spy*, 1939, ce que le producteur et le réalisateur refusèrent[37]. Martin Dies va interroger en août 1940 des acteurs célèbres dont les noms avaient paru dans la presse et qui n'hésiteront pas à faire le déplacement au Texas pour réfuter toute

34 *The Marxist and the Movies*, p 84
35 Reynold Humphries, *Hollywood's Blacklists*, p 77
36 Larry Ceplair, *Anti-communism in 20th Century America : A Critical History*, p 26
37 John Wexley dans *Tender Comrades*, p 713

allégeance au CPUSA, suivis par le scénariste libéral Philip Dunne[38] qui se rend à San Francisco pour rencontrer Dies et contester la rumeur qu'il serait communiste. En janvier 1945, John Rankin, parlementaire sudiste, lui aussi ségrégationniste et antisémite, obtient que la commission HUAC devienne une commission permanente, et trois mois plus tard annonce son intention d'enquêter sur la présence de communistes dans l'industrie du cinéma, considérant Hollywood un « repaire de communistes »[39].

Après avoir perdu de leurs alliés libéraux en 1939 après le pacte germano-soviétique, les communistes doivent affronter en 1941 the Fact-Finding Committee on un-American Activities of the California legislature, commission de parlementaires réactionnaires de Californie, présidée par le Sénateur de l'Etat de Californie, Jack Tenney, chargée d'enquêter sur les activités anti-américaines en Californie. A propos du Congrès organisé par la Mobilisation des écrivains d'Hollywood en 1943 à l'Université de Californie à Los Angeles (UCLA), cette commission convoque trois communistes notoires, John Howard Lawson, Albert Maltz et Waldo Salt à Los Angeles en octobre 1944, en présence du Sénateur Jack Tenney ; ils sont interrogés sur leur appartenance au CPUSA, une répétition pour les auditions de témoins de 1947. Jack Tenney continue sa campagne sur l'influence communiste à UCLA et au Centre d'éducation populaire (People's Education Center ou PEC), qui, à la suite de la section de Hollywood de la Ligue des écrivains américains, voulait servir de relais entre le monde du travail et celui du cinéma. Jack Tenney persiste dans ses attaques contre la Mobilisation des écrivains d'Hollywood et la nouvelle revue, le *Hollywood Quarterly*. La quatrième audition de témoins depuis 1941

38 Philip Dunne, *Take Two,* p 130
39 *The Marxist and the Movies,* p 85

porte sur la Guilde des scénaristes (SWG) en janvier 1946, qu'il juge dominée par les communistes.

Les cinéastes de droite à Hollywood, parmi lesquels d'anciens membres des Screen Playwrights, les adversaires des militants du SWG, fondent l'Alliance pour la préservation des idéaux américains (Motion Picture Alliance for the Preservation of American Ideals ou MPA) en début de l'année 1944, en opposition à la gauche, et en particulier au SWG. L'anticommuniste notoire, le réalisateur Sam Wood, en est le président, Walt Disney, un des vice-présidents. Un mois après la formation du MPA, cette organisation de cinéastes invite la commission HUAC à conduire une investigation de la présence de communistes à Hollywood. Le 21 avril 1944, la commission HUAC arrive à Hollywood. A l'initiative du SWG, une rencontre de 17 guildes et syndicats fut organisée le 2 mai 1944 pour s'opposer au programme de la MPA. Selon l'actrice Marsha Hunt, ce sont les cinéastes de l'Alliance qui auraient demandé trois ans plus tard au Congrès d'examiner si une propagande subversive avait été introduite dans les scénarios écrits par les cinéastes de gauche[40].

Au lendemain de la victoire sur les Nazis, la communauté d'Hollywood est divisée : quelque dynamique et généreuse que soit la gauche, elle n'est pas parvenue à maintenir une unité durable entre les communistes et les libéraux ; ces derniers se méfient des communistes depuis le changement de ligne politique du CPUSA pendant les vingt-quatre mois du pacte germano-soviétique. A Hollywood, les scénaristes ne sont parvenus à la reconnaissance de leur syndicat qu'après des années de lutte et grâce au soutien de l'administration Roosevelt, mais n'ont pas réussi à créer une alliance avec d'autres groupes d'écrivains et à obtenir une

40 Marsha Hunt dans *Tender Comrades,* p 314

rémunération sur la base de royalties, qui leur aurait assuré un contrôle sur le contenu de leurs scénarios. Le contrat signé en 1941 ne leur garantit pas le soutien du syndicat en cas de conflit entre un scénariste et un studio. Avant même la fin de la guerre, la droite d'Hollywood a constitué une organisation anticommuniste, la MPA, hostile au syndicat SWG et ouvertement résolue à éliminer les communistes à Hollywood ; elle invite la commission HUAC à mener une enquête sur la présence de scénaristes communistes à Hollywood. La commission HUAC, devenue une commission permanente en février 1945, peut compter sur les services de renseignement du FBI qui est prêt à lui fournir toutes les informations dont elle aurait besoin pour écraser les communistes et leurs sympathisants. S'il y a incontestablement une poussée des forces de droite à partir de 1939, les progressistes ont réélu Roosevelt en 1944 pour un quatrième mandat ainsi qu'une majorité démocrate en Californie.

La Liste Noire, 1945-47

Le tournant politique en 1945

Les dirigeants américains, préoccupés par le retour de 12 millions de combattants et par le danger d'une nouvelle récession économique au lendemain de la guerre, entendaient réorganiser l'économie mondiale de façon à ce que les exportations et investissements américains aient rapidement des débouchés importants et profitables, et que les marchés et ressources du monde soient accessibles à tous de façon égale ; c'était la version des années 40 de l'ancienne politique de la Porte Ouverte dans un monde où seuls les Etats-Unis étaient sortis renforcés économiquement de quatre années de guerre, à la différence de leurs alliés, l'URSS et la Grande Bretagne. Etant donné l'opposition américaine à des zones d'influence que les Etats-Unis ne pouvaient contrôler, l'Europe de l'Est devint rapidement un sujet de mésentente entre les Etats-Unis et l'URSS qui refusait un cordon sanitaire sur sa frontière ouest.

A la mort de Roosevelt en avril 1945 et l'arrivée à la Maison blanche du Vice-Président Truman, ce sont les plus conservateurs de l'équipe de Roosevelt qui veulent mettre fin aux avancées du New Deal, et lancent une campagne pour défendre la libre entreprise, menacée selon eux par l'essor du syndicalisme sous Roosevelt et la multiplication des grèves de 1941 à 1945. Acquis aux principes de la Porte Ouverte, ils mettent fin à l'entente qui avait prévalu entre les Etats-Unis et l'URSS, et visent à rétablir un ordre économique compromis par les bouleversements de la guerre et les mouvements révolutionnaires et anticolonialistes, qui soit compatible avec les intérêts des milieux d'affaires nord-américains. Leurs difficultés à créer ce nouvel ordre international sont attribuées aux desseins et intrigues de Moscou. Le tournant s'opère dès 1945. Le journaliste américain indépendant, I.F. Stone, présent à la conférence des Nations-Unies sur une organisation internationale, au printemps de 1945, note consterné que pour la délégation américaine, c'est une conférence pour l'organisation d'un bloc antisoviétique [41]. Le cinéaste Abraham Polonsky, qui était dans les services de renseignements de l'armée américaine (Office of Strategic Services ou OSS) pendant la guerre a constaté que même « durant la dernière année de la guerre, étaient déjà lancés dans les services de l'OSS des programmes anticommunistes pour la période d'après-guerre »[42].

Wallace, Vice-Président de 1941 à 1945, est écarté comme candidat à la vice-présidence des Etats-Unis en 1944, malgré sa popularité, par une manœuvre de l'appareil du Parti démocrate qui lui préfère le sénateur Truman plus malléable et plus conservateur. Devenu président des Etats-Unis à la mort de Roosevelt en avril 1945, Truman nomme James F. Byrnes, un sudiste ségrégationniste conservateur, comme Secrétaire d'Etat pour conduire la politique étrangère des Etats-Unis. A la fin de septembre 1946, Henry Wallace est congédié de son poste au Commerce après un discours critique de la politique étrangère intransigeante de Truman envers l'URSS, dont s'était enorgueilli Truman de retour de Potsdam.

Cette évolution du Parti démocrate dans la période d'après-guerre reflète l'ascendant que les grandes entreprises américaines avaient recouvré à Washington grâce à l'effort

---

41 I.F.Stone, *The Truman Era*, p 11

42 A. Polonsky cité dans *The Inquisition in Hollywood,* p 192

de guerre : « de purs objectifs de classe, économiques et politiques, furent camouflés dans un discours plus attrayant et démagogique. Sous couvert d'une opposition loyale et en tant que protecteurs de l'intérêt public, les élites lancèrent leur attaque contre les libéraux et les travailleurs - suspectés d'anti-américanisme »[43].

L'élimination d'un syndicat progressiste d'Hollywood

C'est dans ce climat d'hostilité envers le syndicalisme et de défense de la libre entreprise que les dirigeants des studios d'Hollywood vont réussir à éliminer le seul syndicat ouvrier progressiste d'Hollywood, la Conference of Studio Unions (CSU) qui avait grandi durant les années de guerre ; ils se serviront du syndicat maison corrompu, the International Alliance of Theatrical stage Employees (IATSE), pour en finir avec le CSU. L'industrie du cinéma qui constitue alors une des plus grandes industries américaines, à la fois pour son chiffre d'affaires, le nombre de techniciens et d'employés à son service, et les recettes tirées de ses exportations, va connaître un conflit d'une longue durée et d'une rare violence en 1945 et 1946 .

De 5 petits syndicats de Hollywood affiliés à l'American Federation of Labor (AFL) après la victoire remportée par les dessinateurs de Disney en 1941, la fédération CSU de 9 syndicats en 1945 comptait un peu plus de 10 000 adhérents ; elle s'opposait au IATSE, aussi affiliée à l'AFL, qui comptait 16 000 adhérents, mais qui était gangrenée par les gangsters de Chicago, et peu démocratique : son président à l'échelle nationale était le seul à avoir le droit de décider une grève. Les producteurs soutiennent le syndicat IATSE

43 *The Inquisition in Hollywood*, p 202

dont le représentant international, Roy Brewer, membre de la MPA, prend la tête du mouvement anticommuniste opposé au syndicat progressiste CSU fondé par Herbert Sorrell.

En octobre 1943, la société des décorateurs de Hollywood s'était affiliée à un syndicat : la section 1421 du CSU ; en août 1944, un syndicat affilié au IATSE, seul syndicat reconnu par les producteurs, prétend représenter les décorateurs ; le War Labor Board, l'agence fédérale créée par Roosevelt pour surveiller l'industrie, intervint finalement et ne reconnut que le syndicat affilié au CSU ; mais la branche de Californie de l'Association des Producteurs et Distributeurs de films (MPPDA) chercha à exploiter ce conflit d'attributions et refusa de reconnaître ce changement et de signer un contrat avec la section 1421 du CSU, ce qui conduisit le CSU à déclencher une grève. Eric Johnson, ancien président de la Chambre de commerce des Etats-Unis, et devenu président de la MPPDA représentant les magnats de l'industrie du cinéma, avait signé en avril 1945 une charte avec les dirigeants des deux grandes confédérations syndicales, l'American Federation of Labor (AFL) et le Congress of International Organizations (CIO), qui envisageait un avenir radieux où les partenaires sociaux résoudraient leurs conflits sans avoir recours à des grèves grâce à des négociations amicales ; mais quand il arrive à Los Angeles, la grève de la CSU éclate comme les producteurs refusent de se plier à la décision du War Labor Board.

Herbert Sorrell, le dirigeant du CSU, est immédiatement décrit comme un Rouge par le Sénateur de Californie, Jack Tenny, la presse de droite de William Randolph Hearst, et les cinéastes de la MPA ; ils rendent les communistes responsables de la grève alors que le CPUSA s'opposait à toute grève tant que durerait la guerre. En fait, selon l'historien Gerald Horne, Sorrell n'était pas communiste et il était même très critique des communistes qui ne commencèrent à soutenir la grève qu'à la fin de la guerre, mais l'anticommunisme était une des armes les plus puissantes dans l'arsenal des dirigeants qui voulaient rétablir leur autorité dans les entreprises, et lutter contre la syndicalisation de leurs ouvriers. « Accuser Sorrell d'être communiste servait à déstabiliser le CSU et à soutenir le IATSE »[44]. Cette grève de mars 1945 à octobre 1945 dégénère en une confrontation très violente devant le studio de Warner Bros. le 8 octobre 1945, entre d'une part les piquets de grève, et d'autre part, les briseurs de grève, la police et les pompiers de Warner Bros., soutenus par la police du comté de Los Angeles. La presse Hearst la décrit comme le début d'une guerre civile, une insurrection contre l'ordre établi. Seule l'organisation HICCASP, regroupant libéraux, progressistes et quelques communistes, prend la défense du CSU et demande à l'administration Truman d'intervenir en septembre 1945. Son dirigeant George Pepper écrit à Truman « notre situation locale semble faire partie d'un scénario national créé par un mouvement réactionnaire opposé à la syndicalisation, au plein-emploi, aux allocations-chômage et à un FEPC permanent (Fair Employment Practices Committee, comité contre la discrimination raciale dans les industries de la défense) »[45]. A la fin de la guerre, l'aile gauche du conseil d'administration du SWG se déclare en faveur de la grève et prête à respecter les piquets de grève du CSU, mais ne parvient pas à rallier l'ensemble du conseil d'administration à la cause du CSU. « Le SWG ne voulait pas se mouiller et Emmet Lavery (son président) était très protocolaire, ne s'engageait pas. Le SWG était un petit syndicat qui avait peur et se dégonflait sur toutes les questions. Le SWG

44 Gerald Horne, *Class Struggle in Hollywood,* p 15
45 Pepper cité dans *The Inquisition in Hollywood,* p 218

aurait dû aider un autre syndicat progressiste »,[46] conclut le scénariste David Robison. Le SWG ne chercha même pas à forcer Columbia et MGM à reprendre Lawson et Bright, deux membres communistes du SWG qui avaient été virés par Columbia et MGM pour leur soutien aux grévistes du CSU. Le 16 octobre 1945, le NLRB annonce finalement sa décision de reconnaître la section 1421 du CSU comme le syndicat représentatif des décorateurs d'Hollywood. Mais le compromis organisé par les autorités fédérales ne résout pas d'autres conflits d'attributions que vont exploiter Roy Brewer et les dirigeants des studios pour mettre fin au CSU. D'autre part, si les grévistes peuvent recouvrer leur emploi, les briseurs de grève ne sont pas licenciés, ce qui permet aux producteurs d'envisager le lockout de 1946.

La nouvelle stratégie mise au point par les studios consiste « à imposer un lockout avec des exigences impossibles à satisfaire, et à clamer haut et fort que le lockout est en fait une grève », indiquent alors le CIO et des syndicats indépendants[47]. La construction de décors est attribuée au IATSE par une commission arbitrale de trois vice-présidents de l'AFL en décembre 1945 ; cette décision va à l'encontre d'une règle habituelle qui consistait à confier aux menuisiers la construction des décors et aux machinistes le démontage, le rangement et l'érection de décors ; en août 1946, la commission arbitrale revient sur sa décision de décembre 1945, ce que n'accepte pas le IATSE ; le CSU prend alors la décision imprudente à un moment où le syndicat est affaibli et où Los Angeles compte de nombreux travailleurs sans emploi, de proclamer que, si la construction des décors n'est pas faite par les menuisiers du CSU, le CSU ne toucherait pas des décors construits par le IATSE. En 1947, des notes transmises par Pat Casey, le représentant

---

46 Cité dans *The Hollywood Writers' Wars,* p 228-229

47 *Class Struggle in Hollywood,* p 198

des studios dans les négociations, révèlent le piège tendu par les producteurs, Roy Brewer, Robert Montgomery, leader de la Guilde des acteurs, ainsi que d'autres acteurs, pour forcer les menuisiers et les peintres à se mettre en grève. Les menuisiers du CSU sont licenciés sans que le syndicat ait lancé un ordre de grève ; les menuisiers ne pouvaient revenir que dans un atelier ouvert (open shop), une violation de l'accord qui avait mis fin à une courte grève en juillet. En 1946, dans un contexte national de grèves dans de nombreux secteurs industriels, les producteurs en accord avec le IATSE, voulaient en finir avec le CSU. Les studios augmentent les salaires des ouvriers de IATSE de 25 %. Le IATSE recrute des briseurs de grève pour remplacer les grévistes et les ouvriers licenciés par les producteurs. La grève divise toutes les guildes et en particulier la Guilde des scénaristes ; la Guilde des acteurs, dont faisait partie Ronald Reagan, décide de ne pas respecter les piquets de grève ; ceux qui avaient pris parti pour les grévistes du CSU sont repérés et seront convoqués plus tard à comparaître devant la commission HUAC ; c'est le cas de l'actrice Karen Morley qui s'était opposée à la motion de sa guilde de ne pas respecter les piquets de grève[48]. Elle sera convoquée devant la commission HUAC et mise sur la Liste Noire. Les studios peuvent compter sur la police et les tribunaux pour l'emporter sur le CSU. Des centaines de syndicalistes du CSU sont arrêtés. C'est la désintégration du CSU.

L'élimination d'un syndicat progressiste et militant constitua une grande victoire pour les conservateurs aux Etats-Unis qui vont élire en novembre 1946 des parlementaires républicains hostiles au monde du travail. A Hollywood, les magnats des studios peuvent désormais exercer leur contrôle sur la production cinématographique à Hollywood, sans avoir à se préoccuper d'un mouvement

48 *Tender Comrades,* Karen Morley, p 477

ouvrier contestataire. Le syndicat maison, IATSE, en évinçant une fédération rivale, a mis fin aux conflits d'attributions et renforcé son pouvoir. Après avoir joué un rôle central dans le conflit entre les deux syndicats, et être devenu le champion de la lutte anticommuniste à Hollywood, Roy Brewer va fonder en mars 1949 avec Ronald Reagan The Motion Picture Industry Council, organisation anticommuniste regroupant syndicats, guildes et producteurs, et devenir un intermédiaire indispensable dans la réhabilitation des cinéastes repentis qui veulent retrouver un emploi à Hollywood. Le Président Reagan le récompensera pour son rôle durant les grèves et lockout de 1945-46 en le nommant en 1984 à une commission chargée de résoudre les conflits du travail ! En même temps, la disparition du seul syndicat progressiste va contribuer à l'affaiblissement des 'guildes de talent' : « Avec la fin du CSU, et de sa voix progressiste, éliminer les scénaristes, les réalisateurs et les acteurs devint plus facile. La Liste Noire avait commencé »[49], analyse l'historien Horne dans son livre sur '*La lutte de classe à Hollywood*'.

La croisade anticommuniste

Ce sont les milieux d'affaires et en particulier la Chambre de commerce des Etats-Unis, qui déclenchèrent et menèrent la croisade anticommuniste avec l'aide de hauts dignitaires de l'Eglise catholique et l'Association des syndicats catholiques ; cette association de syndicats catholiques farouchement anticommunistes, sous l'influence de l'Eglise catholique, militait en faveur d'une coopération entre les partenaires sociaux. Selon le journaliste indépendant I.F. Stone, la Chambre de commerce des Etats-Unis était le groupe de pression le plus puissant des Etats-Unis,

49 *Class Struggle in Hollywood,* p 218

car il représentait les banques et les grandes entreprises américaines, à la différence de la 'National Association of Manufacturers' qui ne représentait que l'industrie. Ce groupe de pression exerçait une influence indéniable sur l'administration Truman et le Congrès, de plus en plus dominé par une alliance de droite entre les Républicains, qui accusent l'administration Roosevelt d'avoir eu une politique trop conciliante envers les communistes, et les Démocrates réactionnaires du Sud. Aux élections de mi-mandat de 1946, les Républicains remportent les élections à la Chambre des représentants pour la première fois en seize ans, et ont la majorité dans les deux chambres du Congrès ; en Californie, où les milieux d'affaires conservateurs et la presse ont dénoncé la combativité du syndicat de gauche de Hollywood, les Démocrates sont sévèrement battus en 1946 et la campagne anticommuniste s'accélère après leur défaite. Un nouvel élu républicain, le parlementaire Richard Nixon, fait de l'anticommunisme son fonds de commerce, et va siéger à la commission HUAC.

Dans un article intitulé « Le schéma directeur pour contrôler la pensée des Américains », I.F. Stone n'hésite pas à déclarer en 1952 : « derrière les bouffonneries de la chasse aux sorcières du Congrès, des hommes d'affaires responsables opèrent d'une façon intelligente et organisée »[50]. C'est Eric Johnson, alors encore Président de la Chambre de commerce, et qui deviendra le dirigeant de la Motion Picture Association of America (MPAA) représentant les studios d'Hollywood, qui choisit Francis P. Matthews, directeur de la section financière de la Chambre de commerce et ancien président des Knights of Columbus, organisation de droite de défense des Catholiques aux Etats-Unis, pour diriger la commission sur le communisme et alerter l'administration démocrate sur le danger communiste.

50 *The Truman Era,* p 81

Deux de ces rapports sont écrits par le Père John F. Cronin qui avait accès aux dossiers du FBI et de la commission HUAC, et était aidé par John Frey de l'American Federation of Labor. Tous deux étaient très hostiles au communisme : Cronin voyait dans le communisme une menace mondiale pour la Chrétienté, Frey, une menace pour le mouvement ouvrier américain. C'était des « fanatiques qui avaient une vision apocalyptique du communisme et un zèle inlassable pour vaincre l'URSS et ses soutiens américains »[51], a écrit un universitaire américain spécialiste de la guerre froide.

Cinq rapports sont publiés de 1946 à 1952 et largement diffusés, dont les quatre premiers sous la direction de Francis P. Matthews, pour amener l'administration Truman à adopter un programme anticommuniste. Dans un premier rapport de septembre 1946, « L'infiltration communiste aux Etats-Unis, sa nature et comment la combattre », la Chambre de Commerce demande que les responsables politiques expliquent clairement les enjeux de la confrontation entre les Etats-Unis et l'Union soviétique, et considérant que les communistes américains sont des agents d'une puissance étrangère, que soient instaurés des tests de loyauté pour les fonctionnaires (36-4). Le rapport s'inquiète que certains des meilleurs cerveaux pour la propagande du Parti communiste soient employés dans l'industrie du divertissement (29), et par deux fois mentionne le scénariste Dalton Trumbo. En janvier 1947, après la victoire des Républicains aux élections de mi-mandat, paraît le 2e rapport « Les communistes dans le gouvernement fédéral » qui mentionne la présence de 400 communistes dans le gouvernement fédéral et leur influence pernicieuse sur la politique étrangère des Etats-Unis, sans donner de noms.

---

51 Peter H. Irons, American Business and the Origins of McCarthyism, *The Spector*, p 79

En début de l'année 1947 l'opinion publique restait optimiste et pensait que la coopération entre les Etats-Unis et l'Union soviétique, promise par Roosevelt, était encore possible[52] ; mais en mars 1947, Truman répond aux préoccupations et exigences de la Chambre de commerce et des Républicains au Congrès. Plusieurs de ses conseillers issus de très grandes entreprises et de Wall Street étaient hostiles à l'URSS : Edward Stettinius, Averell Harriman, James Forrestal entre autres. Le 12 mars 1947, Truman proclame que le monde doit « choisir entre deux modes de vie », et annonce la guerre froide entre les deux blocs : les Etats-Unis vont désormais mener une lutte contre l'expansionnisme soviétique en défendant le monde libre menacé en Grèce et en Turquie. Dix jours plus tard, le 22 mars, l'administration Truman instaure par un décret-loi les tests de loyauté pour les fonctionnaires du gouvernement fédéral, autorisant le FBI à conduire des investigations dont le nombre s'élèvera à 6,6 millions de mars 1947 à la fin de 1952[53]. Truman demande aussi à son Ministre de la Justice, Tom Clark, qui avait annoncé le 21 juin 1946 que les Etats-Unis étaient la cible d'un « complot sinistre et bien organisé de la part de communistes, d'idéologues et de petits groupes de radicaux »[54], de préparer une liste des organisations cryptocommunistes (les 'fronts' dont parle le rapport de 1946) qui permettra de s'assurer de la loyauté des fonctionnaires, liste promulguée le 3 avril 1947. L'instauration de ces tests de loyauté et la promulgation d'une liste d'organisations subversives par l'administration démocrate marquent le début de la chasse aux sorcières officielle et viennent compléter la doctrine Truman ; ce sont les deux volets de la politique anticommuniste de Truman.

52 Goldstein, Richard J., *Political Repression in Modern America From 1870 to 1971*, p 298

53 Douglas Miller & Marion Nowak, *The 50's : The Way We Really Were*, p 26

54 *The Hollywood Writers' Wars*, p 239

Selon l'historienne Schwartz, « les dossiers de J. Parnell Thomas, président de la commission HUAC, servent à vérifier si des fonctionnaires sont communistes, mais aussi à aider le Ministre de la Justice à dresser la liste définitive des organisations subversives »[55]. John Rankin, parlementaire du Mississippi qui siège à la commission HUAC, est parvenu à obtenir des accusations d'outrage contre 17 membres du conseil de direction du Comité pour les réfugiés antifascistes (JAFRC). Ses dirigeants, qui étaient venus en aide aux réfugiés de la guerre civile en Espagne, sont accusés d'outrage au Congrès le 16 avril 1946, et seront condamnés par un tribunal fédéral en juin 1947. La même année 1947, débutent les auditions de témoins sur l'influence des communistes à Hollywood.

La Chambre de commerce publie un 3e rapport en 1947, « Les communistes dans le mouvement ouvrier », prônant une modification de la loi Wagner afin de limiter le pouvoir des syndicats. Une annexe confidentielle, envoyée à d'autres organisations patronales, énumérait les syndicats considérés être sérieusement influencés par les communistes, et suggérait des moyens de les éliminer[56]. A nouveau, l'administration Truman s'empresse de satisfaire la Chambre de commerce : le 23 juin 1947, la loi Taft-Hartley restreint le droit de grève, interdit les « closed shops » (un ouvrier n'a pas besoin d'être adhérent au syndicat de l'entreprise pour être embauché) et exige que chaque dirigeant syndical signe une déclaration sous serment qu'il n'est pas communiste ; si un seul dirigeant syndical refuse de signer, son syndicat ne peut plus compter sur les bons offices du National Labor Relations Board.

55 *The Hollywood Writers' Wars*, p 251

56 Benjamin O. Fordham, *Building the Cold War Consensus*, p 133

La croisade anticommuniste à Hollywood

Washington et particulièrement le FBI se montrent de plus en plus préoccupés par l'influence que peuvent avoir les communistes à Hollywood. Le FBI a même recours à des moyens illégaux comme des écoutes illégales ou entrée par effraction dans les locaux du Parti communiste à Los Angeles en 1943 qui lui permit de photocopier les listes des membres de la section du CPUSA de Hollywood. Le FBI n'est pas la seule institution fédérale à surveiller les cinéastes de gauche à Hollywood. La Sous-Commission sur la Sécurité Intérieure du Sénat ainsi que le Service de renseignements de l'armée surveillent continuellement HICCASP, la principale organisation de gauche à Hollywood après 1945. Ronald Reagan avait choisi de rester un membre de cette organisation pour devenir l'informateur du FBI ; il fait des rapports sur les réunions de HICCASP[57] et de la Guilde des acteurs à laquelle il appartient en tant qu'acteur[58].

Dans ses nombreux rapports sur l'infiltration des communistes dans l'industrie du cinéma, le FBI indique le nombre de communistes à Hollywood par catégorie d'emploi : à l'automne de 1947, il dénombre 600 communistes à Hollywood dans les industries du cinéma et de la radio, dont 127 scénaristes[59]. Les rapports de la commission sénatoriale, empreints d'antisémitisme, soulignent le nombre de communistes juifs à Hollywood : « A Hollywood, le communisme et les juifs sont indissociables. C'est simplement stupide de la part de nombreuses personnes d'affirmer qu'il y a très peu de communistes à Hollywood. Il y en a des centaines et beaucoup des dirigeants sont des

57 *Class Struggle in Hollywood,* p 116
58 Paul Buhle & Dave Wagner, *Radical Hollywood,* p 426
59 *The Final Victim of the Blacklist,* p 178

juifs »[60], rapporte la Sous-Commission du Sénat sur la Sécurité Intérieure le 29 juin 1946. Ce courant antisémite viendra renforcer l'anticommunisme durant toute la période de la chasse aux sorcières des années 40 et 50.

Durant la période 1946-47 les studios voient leurs bénéfices chuter (récession, concurrence de la télévision, obligation pour les studios de se dessaisir de leurs salles de spectacle, restrictions monétaires, quotas imposés pour les films américains par les pays importateurs et prolifération de producteurs indépendants) et réduisent l'emploi ; de 588 scénaristes en 1946, il n'en reste plus que 440 un an plus tard [61] ; dans ce contexte, les positions prises par les communistes d'Hollywood mécontentent les magnats de l'industrie du cinéma : ils leur reprochent leur soutien aux grévistes du CSU, leur projet d'instaurer un système de royalties pour les cinéastes, leur opposition à certains accords commerciaux en Europe qui avantagent l'industrie cinématographique américaine. Les scénaristes communistes ne deviennent plus indispensables, et les magnats de l'industrie se préoccupent plus d'obtenir le soutien du Département d'Etat et de toute institution fédérale qui puisse faciliter l'exportation de leurs films ; les exportations en Amérique latine et en Europe leur rapportent environ 40 % de leurs recettes depuis les années 30 et s'élèveront à 52 % dans les années 60.

Eric Johnson, président depuis 1945 de la Motion Picture Association of America, fait le lien entre Washington et le Département d'Etat d'une part, et les studios de Hollywood d'autre part. En août 1946, il fait part de son mécontentement à propos de la position du SWG sur les accords commerciaux avec des pays étrangers au président du SWG, Emmet Lavery, et le 2 mars 1947, c'est à la

60 *The Final Victim of the Blacklist,* p 174
61 *The Inquisition in Hollywood,* p 249

commission HUAC qu'il redit son inquiétude à propos de la campagne des communistes opposés à certains accords commerciaux favorables à l'industrie américaine. Les milieux d'affaires ainsi que les autorités fédérales considéraient l'industrie américaine du cinéma qui propageait le spectacle d'une société d'abondance, un atout pour l'exportation de nombreux produits de consommation américains, ainsi qu'un moyen de propagande efficace pour contrer leurs adversaires dans la guerre froide que se livraient les deux blocs. Durant ce même séjour à Hollywood, Johnson célèbre la Doctrine Truman et vante aux employés des studios le rôle que l'industrie du cinéma peut jouer dans l'endiguement de l'expansion soviétique. Dès 1946, les studios avaient demandé aux scénaristes que leurs scénarios mettent en valeur les idées de la libre entreprise[62]. Après avoir relayé à Hollywood le message du Département d'Etat, Johnson devient plus explicite quand il déclare: « Nous n'aurons plus de *Grapes of Wrath*, nous n'aurons plus de *Tobacco Road*. Nous n'aurons plus de films qui montrent le côté sordide de la vie américaine »[63]. Le 5 mars 1947, il accuse les communistes d'être des agents étrangers et demande qu'ils n'aient pas de poste de direction dans les syndicats, et s'adressant à la commission HUAC le 27 mars 1947, quelques mois avant les auditions d'octobre 1947, il réclame que « les feux de l'actualité soient braqués sans pitié sur les communistes »[64]. Lorsqu'en mai 1947, la commission HUAC arrive à Los Angeles, invitée par l'association de cinéastes de droite, la MPA, pour mener une enquête pendant dix jours sur la menace communiste dans le cinéma, Eric Johnson, la MPA et la commission HUAC sont bien décidés à lancer la chasse aux sorcières ; Johnson promet au président de la commission HUAC

62 *Class Struggle in Hollywood*, p 201

63 *Hollywood's Blacklists*, p 96

64 Les K. Adler, Hollywood and the Cold War, dans *The Specter*, p 245

l'entière coopération de l'association des producteurs ; la commission HUAC interroge à huis clos 14 cinéastes anticommunistes à Los Angeles pendant dix jours ; c'est le FBI qui lui avait fourni la liste des cinéastes coopératifs et non coopératifs (friendly est le terme employé par Thomas à la fin des auditions de témoins de mai 1947 pour les personnes disposées à révéler les noms de communistes ; unfriendly est le terme appliqué aux 19 cinéastes assignés à comparaître devant la commission HUAC par le journal conservateur *Hollywood Reporter).* J. Parnell Thomas fut très satisfait de sa visite à Hollywood et il annonça que « 90% de l'infiltration communiste à Hollywood provient des scénaristes »[65]. Tout laissait alors prévoir que les scénaristes communistes seraient assignés à comparaître devant la commission HUAC. Le 2 juin 1947, Johnson avait proposé à l'assemblée des producteurs d'Hollywood que les communistes avérés ne soient plus employés par les studios, proposition non retenue alors par les producteurs en juillet 1947, car jugée légalement risquée par leur conseiller juridique, Paul McNutt, mais qu'évoqua J. Parnell Thomas lors de l'audition d'Eric Johnson en octobre 1947 à Washington[66]. En septembre 1947, Johnson annonça à la presse que les producteurs ne désiraient pas « protéger ou défendre » des membres du Parti communiste[67].

Ainsi E. Johnson, ancien président de la Chambre de commerce et porte-parole de la MPAA, était déterminé bien avant les auditions d'octobre 1947 à instaurer une Liste Noire, malgré des propos critiques de la Liste Noire qui pouvaient faire croire qu'il défendrait les droits des Dix assignés à comparaître devant la commission HUAC. Il

65 *The Hollywood Writers' Wars,* p 257

66 *Hollywood Red,* p 278 et Thomas L.Stokes, *Los Angeles Daily News*, 29 octobre 1947, cité dans *Hollywood's Blacklists,* p 96

67 *The Inquisition in Hollywood,* p 261

n'y avait rien d'étonnant à ce que l'ancien président de la Chambre de commerce dont les trois premiers rapports sur le socialisme et le communisme avaient exposé la politique officielle de la guerre froide et de la chasse aux sorcières adoptée par l'administration Truman en 1947, ait mis en œuvre la Liste Noire dans l'industrie du cinéma.

L'audition des témoins communistes en 1947 par la commission HUAC

Quelques mois plus tard, à l'automne 1947, après l'audition de cinéastes anticommunistes, dont les producteurs Jack Warner et Louis B. Mayer et le réalisateur Sam Wood, président du MPA, ainsi que des membres du SAG, dont Ronald Reagan, suivent les auditions de dix cinéastes communistes - Bessie, Biberman, Cole, Dmytryk, Lardner, Lawson, Maltz, Ornitz, Trumbo et Scott -, et de l'écrivain Bertolt Brecht, sur les 19 assignés à comparaître devant HUAC : ils sont accusés de propagande communiste dans leurs scénarios. Louis B. Russell, ancien agent du FBI, chargé d'une enquête sur chacune des personnes non-coopératives qui comparaissent devant la commission HUAC, doit fournir des informations sur leur parcours de militants communistes. C'est alors une frénésie d'anticommunisme teintée d'antisémitisme lors des auditions des Dix de Hollywood. Outre le président de la commission, Thomas, la commission était composée de conservateurs farouchement anticommunistes, comme John Rankin ou Richard Nixon ; Stripling, le principal investigateur, était connu pour ses sympathies pour les Nazis. Les Dix d'Hollywood qui, sur les conseils de leurs avocats, avaient fondé leur défense sur le Premier Amendement qui protège la liberté d'expression et d'association, et un jugement rendu en 1943 par le juge Jackson de la Cour suprême, avaient décidé de ne pas admettre leur appartenance au CPUSA, et de ne pas répondre directement aux deux questions posées, « êtes-vous membre du SWG ? » et « êtes-vous membre ou avez-vous été membre du CPUSA », mais d'affirmer leur loyauté envers les Etats-Unis et de récuser le droit de la commission HUAC de les interroger sur leur appartenance à un syndicat ou un parti politique. Confiant dans la légitimité de leur cause - la lutte contre le fascisme que représentait la commission HUAC - et de leur défense s'appuyant sur le Premier Amendement de la constitution des Etats-Unis, les Dix n'avaient pas pris la mesure de l'anticommunisme teinté d'antisémitisme des membres de la commission ; celle-ci ne les autorisa pas à lire leurs déclarations et à s'expliquer, mais les congédia brutalement. Ensuite l'investigateur en chef de la commission HUAC, Louis J. Russell, présenta des preuves de leurs affiliations communistes. Le premier à essayer de témoigner avant d'être emmené de force fut le scénariste John Howard Lawson. Après sa brève comparution devant la commission HUAC, Eric Johnson déclara : « Si les témoignages se révèlent fondés, je n'emploierai pas Monsieur Lawson parce que je n'emploierai aucun communiste prouvé ou déclaré parce que les communistes ne sont qu'une force perturbatrice dont je ne veux pas »[68]. Il termina son témoignage devant la commission HUAC en encourageant la commission à démasquer les communistes. Samuel Ornitz, un des Dix d'Hollywood, écrivit à sa femme « l'erreur que nous avons faite était d'attendre autre chose. D'abord il a fait de beaux discours libéraux, puis il a porté le bon vieux coup de grâce »[69]. Lorsque les auditions de témoins devant la commission HUAC se terminent, Louis J. Russell tente même de lier les Dix d'Hollywood au cas de J. Robert Oppenheimer, accusé d'espionnage pour le compte de l'URSS.

---

68 *The Final Victim of the Blacklist,* p 204

69 *The Inquisition in Hollywood,* p 285

Un mois plus tard, le 24 novembre 1947, les parlementaires de la Chambre des représentants confirment l'accusation d'outrage au Congrès de la commission HUAC à une écrasante majorité. Le lendemain, le 25 novembre 1947, le MPAA annonça au nom de tous les studios d'Hollywood que 5 sur les Dix qui avaient des contrats - Cole, Trumbo, Lardner, Scott, et Dmytryk - étaient licenciés sans solde par MGM, Fox et RKO, et que les dix cinéastes ne pourraient retrouver un emploi à Hollywood que lorsqu'ils auraient été acquittés, ou auraient purgé leur contumace et qu'ils auraient déclaré sous serment qu'ils n'étaient pas communistes. C'est la déclaration du Waldorf-Astoria suivie des noms de tous les dirigeants des studios d'Hollywood. Les Dix ne pourront plus travailler sous leur nom pour les studios d'Hollywood à l'exception de Eddie Dmytryk, un « repenti ». Lardner ne put travailler pour un des grands studios d'Hollywood pendant 12 ans. Abraham Polonsky ne put faire de film pendant vingt ans. Quant à John Howard Lawson, il ne se vit plus offrir de scénario par les studios d'Hollywood après sa comparution devant HUAC en octobre 1947 ; son nom ne figure pas au générique de *Cry, The Beloved Country*, 1951, réalisé par Zoltan Korda en Afrique du Sud pour une compagnie britannique, film qui aura un grand retentissement aux Etats-Unis pour sa dénonciation de l'apartheid.

Quatre jours après la publication de la déclaration, le critique de cinéma du *New York Times*, Bosley Crowther, précise le 7 décembre 1947 que cette déclaration était « l'œuvre d'importants dirigeants de New York, de grands patrons de l'industrie, et non de producteurs d'Hollywood qui forment un groupe subordonné différent »[70]. « Cette déclaration, diffusée et imprimée dans les media de tout le

70 Alvah Bessie, *Inquisition in Eden,* p 224

pays, incluait les noms des dirigeants des studios, mais non ceux de leurs chefs, les banquiers et financiers de New York et de Boston qui les avaient contraints à la faire »[71], écrit le scénariste communiste Lester Cole. Selon le cinéaste libéral anticommuniste, Philip Dunne, Darryl Zanuck, le producteur de 20th Century-Fox, fit comprendre à Philip Dunne, un collègue et ami de Lardner, que la décision de licencier les cinéastes communistes « venait de Wall Street, qu'elle avait été prise par ceux qui finançaient les compagnies cinématographiques »[72]. Pour Lardner en 2000, « la rencontre au Waldorf Astoria fut dominée par le groupe de banquiers les plus conservateurs, à la tête des sociétés-mères de l'Est plutôt que par les dirigeants des studios de Hollywood »[73]. Les deux cinéastes marxistes, John Howard Lawson et Abraham Polonsky, mis sur la Liste Noire pour leurs idées dangereuses, corroborent l'analyse du critique du *New York Times* et des cinéastes d'Hollywood, Cole, Dunne, et Lardner ; selon eux, la chasse aux sorcières fut déclenchée pour défendre les intérêts de la grande bourgeoisie américaine : « La campagne menée contre la liberté de parole et d'association fut essentiellement conçue pour supprimer l'opposition au programme de guerre »[74], dénonce Lawson en 1953. Le politologue britannique, Brian Neve, rapporte le point de vue de Abraham Polonsky qu'il interviewa le 20 août 1988 : « des décisions prises aux plus hauts niveaux du gouvernement fédéral furent responsables de la Liste Noire et de la pression intense mise sur les stars pour qu'elles se dissocient du Comité pour le Premier Amendement et d'autres groupes qui soutenaient les droits constitutionnels des Dix d'Hollywood »[75]. Cette interprétation de la condamnation des Dix d'Hollywood

---

71 *Hollywood Red,* p 290

72 *Take Two,* p 212

73 *I'd Hate Myself in the Morning,* p 124

74 *Film in the Battle of Ideas,* p 14

75 Brian Neve, *Film and Politics in America,* p 90

insistant sur le rôle subordonné des producteurs d'Hollywood, confirme l'idée que la décision de lancer la chasse aux sorcières en 1947 avait été délibérément prise par les plus hautes instances économiques et politiques des Etats-Unis, et non sous la pression de l'opinion publique.

La déclaration des producteurs de studios est suivie par une invitation aux trois syndicats d'artistes, les trois guildes de talent représentant réalisateurs, acteurs et scénaristes, à collaborer avec les producteurs « pour éliminer les éléments subversifs, protéger les innocents et sauvegarder la liberté d'expression et la liberté cinématographique chaque fois qu'elles sont menacées »[76]. Dore Schary de RKO, qui avait paru être un producteur libéral, est chargé de demander au SWG son soutien à la déclaration du Waldorf-Astoria, et mentionne que les producteurs n'engageraient pas quelqu'un qu'ils suspecteraient d'être communiste[77]. L'assemblée de 400 adhérents du SWG ne prit pas la défense des Dix, mais vota pour la fin de la Liste Noire « qui n'avait pas seulement englouti les Dix, mais incluait déjà tous les autres témoins qui n'avaient pas témoigné, ainsi qu'une Liste Grise de plus d'une centaine d'autres qui avaient simplement été nommés par des témoins coopératifs » commente avec ironie Alvah Bessie en 1965[78].

Après le vote de la Chambre des représentants sur les citations pour outrage au Congrès, la mise en accusation et la condamnation de Lawson et Trumbo à la suite d'une parodie de jugement, il est décidé que les huit autres n'auraient pas de procès en première instance, mais accepteraient le verdict de la Cour d'appel concernant Lawson et Trumbo. Le 13 juin 1949, la Cour d'appel confirme la condamnation

76 *Inquisition in Eden,* p 224
77 *Inquisition in Eden,* p 225--226
78 *Inquisition in Eden,* p 226 ; *Hollywood Red,* p 292

du tribunal de première instance ; un an plus tard, en avril 1950, la Cour suprême refuse d'examiner les cas de Lawson et Trumbo, et comme il avait été convenu, les huit autres furent déclarés coupables. Les Dix furent condamnés à une amende de 1000 dollars et à un an de prison. Ils allèrent en prison en juin 1950.

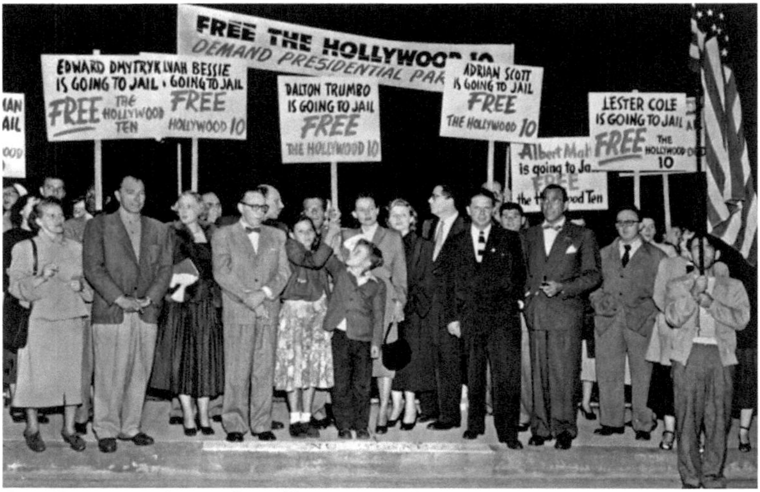

Les Dix avec leurs familles en 1950.

La liste Noire s'étend : de novembre 1947 aux années 70

L'opinion publique après la condamnation des Dix d'Hollywood

Les libéraux à Hollywood sont divisés depuis la fin de la guerre : l'organisation progressiste HICCASP qui souhaitait œuvrer pour la paix, ne parvient pas à partir du milieu de l'année 1946 à maintenir l'alliance du Front populaire entre libéraux et communistes, alors que s'envenimaient les relations entre les deux blocs, et que le CPUSA, sous la direction de William C. Foster, adoptait une ligne moins conciliante envers le courant libéral au milieu de l'année 1945. Le Kremlin avait fait envoyer par Jacques Duclos un message critique de la politique du dirigeant communiste américain Earl Browder pendant la guerre ; ce dernier fut remplacé en 1945 par William Z. Foster. Affaiblie par le départ de nombreux adhérents libéraux au cours de l'année 1946 avant les élections de mi-mandat, HICCASP coupe tout lien avec le Parti démocrate, et se déclare opposé à la politique étrangère des Etats-Unis ; en décembre 1946, The Independent Citizens' Committee of the Arts, Sciences and Professions (ICCASP) dont faisait partie la section de Hollywood, s'associe à une autre organisation progressiste, The National Citizens Political Action Committee, et forme The Progressive Citizens of America ou PCA, aussi connu sous les initiales ASP-PCA, critique de la politique étrangère de Truman et favorable à une coopération avec l'URSS.

ASP-PCA prend la défense des 19 cinéastes convoqués devant la commission HUAC en septembre 1947, et lutte pour leur libération. (En 1948, ASP mettra fin à la fusion pour tenter de regagner le soutien des libéraux). Les membres de ASP-PCA se joignent à d'autres cinéastes pour former le Comité pour le Premier Amendement (Committee for the First Amendment ou CFA), et produire l'émission de radio 'Hollywood se défend' (Hollywood Fights Back) pour défendre les Dix. Mais le slogan « nous sommes les premiers, vous suivez » ne parvient pas à convaincre les libéraux.

Le Comité pour le Premier Amendement, fondé par trois réalisateurs libéraux, Philip Dunne, William Wyler et John Huston, n'a pas le soutien des producteurs, et bat rapidement en retraite après son expédition à Washington pour assister aux auditions des Dix : ainsi sous la pression des producteurs, Humphrey Bogart, l'acteur de célèbres scénarios écrits par Lawson (*Action in the North Atlantic*, 1943, *Sahara, 1943*) se dit choqué par le comportement du scénariste Lawson devant HUAC, se désolidarise des Dix d'Hollywood, déclare qu'il n'est pas communiste et qu'il a été dupé lorsqu'il a accepté d'aller à Washington avec le CFA[79]. L'acteur Mickey Knox, qui s'impliqua dans la défense des Dix d'Hollywood avant d'être mis sur la Liste Noire, reconnaît à la fin des années 90 « Pas étonnant que le front libéral se soit effondré parce que les deux personnalités qui avaient organisé la défense des Dix, Huston et Bogart, prirent leurs distances et tout le monde se mit à avoir peur »[80]. Lorsqu'en décembre 1947, Wallace annonce sa candidature à l'élection présidentielle de 1948 à la tête d'un troisième parti, The Progressive Party, il est décrit comme

79 Humphrey Bogart, « I'm No Communist », *Photoplay Magazine*, May 1948, p 53

80 *Tender Comrades*, Mickey Knox, p 367

« la dupe naïve des communistes » ; beaucoup de libéraux quittent alors le PCA.

Quant aux libéraux fondamentalement hostiles au Front populaire, qui ne voyaient pas de différence entre le totalitarisme de l'Allemagne nazie et celui de l'URSS stalinienne, ils adhèrent en début d'année 1947 à l'organisation libérale, Americans for Democratic Action ou ADA qui rejette toute association avec les communistes, approuve la Doctrine Truman et le Plan Marshall, et contribue à affaiblir le courant progressiste et à renforcer la poussée de la droite. Désormais, le terme « libéral » s'applique aussi bien à des progressistes minoritaires comme le juriste Carey McWilliams, futur directeur de la revue *The Nation,* qui persistent à militer aux côtés de communistes et prennent leur défense[81], qu'à des intellectuels farouchement anticommunistes, et au grand nombre d'Américains se réclamant d'une tradition de défense des droits civiques reconnus par la constitution américaine ; soucieux de préserver leur emploi et leur statut social dans une période de chasse aux sorcières, ils refusent toute coopération avec les communistes ou des sympathisants du CPUSA ou des associations progressistes comme ASP. Le cinéaste libéral, Philip Dunne, membre de ADA, continuera de défendre les droits constitutionnels des communistes tout en les condamnant pour « leur fanatisme, leur stupidité et leurs mauvaises manières »[82], mais exprimera son remords de n'avoir pas démissionné lorsque son collègue Ring Lardner, Jr. fut congédié par Darryl F. Zanuck après la déclaration des producteurs au Waldorf Astoria en novembre 1947[83].

81 Lettre de Carey McWilliams à Robert Kenny, 21 avril 1949, *The Final Victim of the Blacklist,* p 321

82 *Take Two,* p 192

83 *Take Two,* p 212-213

Les trois 'guildes de talent' ne prirent pas la défense des Dix d'Hollywood ; avant d'aller à Washington, Emmet Lavery, le président du SWG, en accord avec le conseil de direction de la Guilde des scénaristes, déclara qu'il ne défendrait pas les Dix d'Hollywood. La gauche et la droite du SWG s'opposent sur deux questions : American Authors' Authority qui proposait de créer une organisation de copyright pour obtenir une rémunération plus conséquente des scénaristes, et les serments de non-allégeance au CPUSA exigés pour les membres du conseil de direction de la Guilde. Les adversaires des communistes dans le SWG, soucieux de ne pas mettre leur carrière et le syndicat en danger, refusent de s'impliquer dans la défense des Dix, et prennent la direction du SWG aux élections de novembre 1947 ; c'est la ligne anticommuniste qui va prévaloir ; en janvier 1948, le SWG rejette une motion présentée par un syndicaliste de gauche demandant au SWG de lutter pour la réintégration des trois scénaristes congédiés. La Guilde des acteurs et la Guilde des directeurs décident que tout adhérent qui refuserait de signer le serment qu'il n'est pas communiste ne pourrait plus exercer de fonction dans le syndicat.

En dehors de quelques personnalités, juristes, universitaires et le journaliste indépendant I.F. Stone, les libéraux ne se manifestèrent pas pour défendre les communistes inculpés. Les historiens Ceplair et Englund constatent qu'après novembre 1947, la résistance libérale cessa quasiment d'exister : « Ils furent peu nombreux à prendre la défense des centaines de communistes assignés à comparaître pour un jugement ou pour une investigation ; encore moins nombreux furent ceux qui contestèrent le droit de HUAC d'exister ; certains se bornèrent à critiquer les procédures de HUAC »[84]. Une fois que les

84 *The Inquisition in Hollywood,* p 413

militants communistes furent emprisonnés ou assignés à comparaître devant la commission HUAC, toute activité progressiste à Hollywood était « difficilement imaginable sans les membres du Parti communiste qui faisaient le gros du travail dans tous les domaines »[85], et le mouvement progressiste se désintégra rapidement. Les luttes du Front populaire ne furent plus que des épisodes embarrassants que les libéraux préféraient oublier. En 1965, après avoir évoqué le combat du Comité pour le Premier Amendement, Dalton Trumbo déplore que « ce à quoi ils ne s'attendaient pas et qu'ils n'auraient pu anticiper, c'était la trahison de ces mêmes intellectuels qui leur avaient enseigné le credo libéral et les vertus de l'action démocratique. Ils écoutèrent attentivement l'immense silence qui s'était abattu sur les ondes, la presse, le théâtre, les revues, les universités, les académies. Ils surent, trop tard, exactement ce que cela signifiait »[86].

La croisade anticommuniste s'intensifie

Le 4e rapport de la Chambre de commerce publié en 1948 moins d'un an après la déclaration de novembre 1947 des magnats de l'industrie du cinéma et l'instauration de la Liste Noire, marque une nouvelle étape dans la lutte anticommuniste. Ce 4e rapport demande que les communistes ne puissent plus exercer de fonctions dans de nombreux domaines, la presse, la radio, la télévision, l'enseignement, les bibliothèques, les services sociaux…

85 Carey McWilliams cité dans *The Final Victim of the Blacklist*, p 242

86 Dalton Trumbo, « Honor Bright and All That Jazz » dans *The Time of the Toad*, p 141

Cette même année, le 20 juillet 1948, le Ministère de la Justice décide en vertu du Smith Act de 1940 d'arrêter les 12 dirigeants du Parti communiste, et en fait condamner 11 en octobre 1949 (Foster, malade, ne fut pas jugé) pour conspiration visant à renverser le gouvernement américain par la force ou la violence, condamnation validée en juin 1951 par la Cour suprême qui confirme alors la constitutionnalité du Smith Act. Les dirigeants communistes furent condamnés à dix ans de prison ; leurs cinq avocats furent aussi condamnés à de la prison ; d'octobre 1949 à la fin de l'année 1956, 145 dirigeants communistes furent inculpés et 108 condamnés[87]. Cette condamnation était une violation du Premier Amendement de la constitution américaine : aucun des dirigeants du CPUSA n'avait appelé à renverser le gouvernement par la force ou la violence. Ce n'est qu'en 1957 que la Cour suprême considéra que le Smith Act n'interdit pas de prêcher une doctrine abstraite qui recommande de renverser le gouvernement par la force, et en vertu de cette décision, la Cour suprême annula la condamnation de 14 dirigeants communistes de Californie.

Les Etats, les villes et les comtés ainsi que de nombreuses entreprises, écoles, universités, et syndicats suivirent l'exemple du gouvernement fédéral, et à leur tour menèrent des investigations et instaurèrent leurs propres tests de loyauté ; selon l'historien Robert Justin Goldstein, « en 1956, 42 Etats et plus de 2000 comtés et municipalités et des commissions étatiques et locales exigeaient des tests de loyauté »[88] ; 50 000 Américains perdirent leur emploi de 1947 à 1960, dont 16 000 fonctionnaires[89]. Les syndicats de gauche furent expulsés de la confédération CIO en 1949 et 1950. Truman est réélu en

87 The Inquisition, p 370
88 Robert Justin Goldstein, *Political Repression in Modern America,* p 352
89 Archie Baron, film de la BBC (1992) « *The Un-Americans* », deuxième partie : « No Place to Hide »

fin d'année 1948, tandis que Wallace n'obtient que 2,4 % du vote. Si les deux chambres du Congrès ont alors une majorité démocrate, ces chambres sont contrôlées par une majorité anticommuniste de Républicains et de démocrates sudistes ségrégationnistes et hostiles aux syndicats

Durant l'administration Truman de 1948 à 1952, les tensions entre les Etats-Unis et l'URSS ne font que s'aggraver, et même si depuis les années 60 plusieurs historiens américains (Gabriel Kolko ou Richard Pells) ont démontré qu'il était absurde de penser que les mouvements révolutionnaires de la période d'après-guerre étaient dirigés par le Kremlin, à l'époque l'administration Truman attribua de plus en plus à l'URSS un rôle sinistre dans tous les conflits en Europe ou dans le tiers-monde. La première explosion atomique de l'URSS en 1949 et la guerre de Corée qui éclate en juin 1950, ne firent que confirmer les tenants de la guerre froide à Washington dans leur conviction que l'URSS était l'empire du mal, une puissance expansionniste que les Etats-Unis se devaient d'endiguer. Le budget militaire des Etats-Unis augmente dès 1949 : le Congrès vote une augmentation de 20 % des dépenses militaires pour l'année fiscale du 1er octobre 1948 au 30 septembre 1949; mais c'est le déclenchement de la guerre de Corée en juin 1950 qui conduit Truman trois mois plus tard à signer le rapport 'National Security Council Paper, Number 68' (NSC-68), resté secret jusqu'en 1975, qui recommandait une augmentation considérable du budget de la défense pour contenir l'expansion soviétique. Entre l'été 1949 et l'hiver 1951, le budget militaire annuel tripla de 13,5 milliards à près de 45 milliards[90], à la grande satisfaction des milieux d'affaires qui réclamaient une augmentation des dépenses militaires[91].

90 Benjamin O. Fordham, *Building the Cold War Consensus,* p 1
91 *The Truman Era,* p 114.

Sur le plan intérieur, c'est une vague d'anticommunisme et d'antisémitisme : encouragé par Richard Nixon, Whittaker Chambers, ex-communiste repenti, accusa un ancien fonctionnaire du Ministère des Affaires étrangères, Alger Hiss, d'être un agent communiste, et après les élections de mi-mandat, formula de nouvelles accusations d'espionnage contre Alger Hiss ; après un premier procès en 1949, il le fit condamner pour parjure en janvier 1950. Les Républicains vont exploiter cet épisode pour critiquer le libéralisme du New Deal, et Richard Nixon pour se faire élire sénateur en 1950. Le 9 février 1950, le sénateur Joseph McCarthy dénonce la présence de communistes au Ministère des Affaires étrangères, amplifiant la peur du danger communiste chez ses concitoyens. Durant l'été 1950 les Rosenberg sont accusés d'espionnage pour le compte de l'URSS. En août 1950, vote du « Internal Security Act ou McCarran Act : les organisations communistes ou considérées proches du CPUSA doivent fournir au Ministre de la Justice les noms de tous leurs membres et de leurs soutiens financiers, et des centres de détention sont créés où les communistes et toutes les personnes soupçonnées d'activités subversives seraient détenus en cas d'état d'urgence nationale, clause proposée par Hubert Humphrey, Paul Douglas et d'autres parlementaires considérés libéraux. Un comité de cinq membres, The Subversive Activities Control Board, est autorisé à investiguer les pensées et croyances des citoyens américains.

Le 5e rapport de la Chambre de commerce paraît en 1952 « Communism : Where Do We Stand Today ? » déclare « qu'aucune usine suffisamment importante pour avoir un syndicat, aucune école ou université, aucune profession qui contribue à former l'opinion publique, que ce soit la presse, la radio, la télévision, l'édition de livres et revues et les institutions de recherche, et toute profession qui donne du prestige et de hauts salaires aux communistes comme les industries du divertissement, ne devrait employer de communistes » ou de sympathisants communistes ou de dupes de gauche[92]. Ce cinquième rapport de la Chambre de commerce, tout en reprenant des idées développées dans le 4e rapport de 1948 sur la nécessité de bannir les communistes de toutes les professions qui forment l'opinion publique, s'apparente à un appel à une croisade nationale pour vaincre le mal : les sympathisants communistes, les libéraux qui avaient participé à des organisations progressistes ou avaient été impliqués dans des associations où figuraient des communistes, sont devenus suspects ; le rapport suggère même que tous les anciens communistes repentis soient étroitement surveillés par le FBI ; « C'est une guerre où la victoire finale et la reddition sans conditions sont les seuls objectifs »[93]. Cet appel au combat contre le communisme publié en 1952 permet de prendre conscience du climat entretenu par les milieux d'affaires, dans lequel reprennent les auditions de témoins devant la commission HUAC à partir de mars 1951.

Le décret-loi 10450 d'avril 1953 établit un programme encore plus large et strict que la loi Taft-Hartley de 1947 : tous les nouveaux employés et ouvriers de compagnies qui ont signé des contrats avec le gouvernement, quelle que soit leur position, devront se soumettre à une investigation[94]. En juin 1953, Julius et Ethel Rosenberg sont les victimes de la chasse aux sorcières qui n'a fait que s'amplifier depuis le déclenchement de la guerre de Corée, le vote du McCarran Act et le climat politique délétère qui s'est instauré à la suite des accusations non fondées de l'histrion Joseph

---

92 5e rapport de la Chambre de commerce sur le communisme : *« Where Do We Stand Today ? »*, p 25

93 *Where Do We Stand Today ?* p 43

94 *The 50's : The Way We really Were*, p 35

McCarthy. En août 1954, un mois après l'armistice qui met fin aux combats en Corée, Dwight D. Eisenhower signe the Communist Control Act, soutenu par les libéraux au pouvoir ; il déclare le Parti communiste illégal, considérant qu'il est « une conspiration visant à renverser par la violence notre forme tout entière de gouvernement », et après avoir évoqué différentes mesures prises depuis son arrivée au pouvoir par le 83e Congrès où les Républicains ont la majorité, Eisenhower indique une nouvelle mesure qui permettra à l'administration républicaine d'aider les syndicats qui sont dominés par les communistes, à se débarrasser du contrôle qu'ils exercent. Le Parti communiste sera de plus privé des « droits, privilèges et immunités d'un corps légal ». Même si cette loi n'a pas mis fin à l'existence du CPUSA, elle est l'aboutissement de la croisade anticommuniste prônée par le 5e rapport de la Chambre de commerce des E.U.

Les cinéastes de gauche au ban de la société

HUAC englobe alors beaucoup plus de personnes : « Ils voulaient mettre fin au New Deal et à l'Etat-Providence et à ces poules mouillées de libéraux et au mouvement des droits civiques et aux syndicats militants et aux traîtres du Ministère des Affaires étrangères responsables de la perte de la Chine, et à tous ceux qui ne soutenaient pas la guerre froide »[95], écrit Walter Bernstein. Sont alors convoqués une variété de cinéastes de gauche, communistes, sympathisants ou libéraux qui devaient décider s'ils voulaient ou non sauver leur carrière. En invoquant le Cinquième Amendement à la constitution, ils pouvaient refuser de parler et de dénoncer d'autres cinéastes, ce qui leur permettait de ne pas être condamnés à de la prison et une amende, mais les plaçait automatiquement sur la Liste Noire. Il en était de même

95 *Inside Out,* p 172

pour ceux qui ne se présentaient pas devant la commission HUAC après avoir été dénoncés. Toute prise de position favorable à la gauche était suspecte, même si l'organisation ne comptait qu'une minorité de communistes; ainsi, avoir fait partie du Comité pour le Premier Amendement pouvait priver un cinéaste d'emploi : ce fut le cas de Paul Henreid qui avait incarné le résistant antifasciste dans *Casablanca.*

Ceux qui demandaient à comparaître devant la commission pour présenter des excuses pour leur adhésion passée au CPUSA ou leur appartenance à des organisations dont certains membres étaient communistes, ne pouvaient se racheter et être innocentés qu'en donnant les noms de communistes ou de sympathisants ; ces cinéastes délateurs ne virent pas leur carrière compromise. Le réalisateur Elia Kazan qui dénonça notamment les membres du Group Theater de New York auquel il avait appartenu dans les années 30 en tant qu'acteur et réalisateur, le réalisateur Edward Dmytryk qui, après avoir dénoncé vingt membres du CPUSA au FBI en février 1951, se présenta devant la commission HUAC en avril 1951, et dénonça notamment les réalisateurs Michael Gordon et Bernard Vorhaus[96], ou le scénariste Budd Schulberg qui dénonça son ancien ami Ring Lardner, ces trois cinéastes purent continuer leur carrière à Hollywood avec succès.

Avant même que reprennent les auditions devant la commission HUAC en mars 1951, une variété d'organisations de droite, dont l'American Legion, association d'anciens combattants, des entreprises privées (American Business Consultants ou Aware, Inc.) publient des listes de personnes jugées suspectes pour avoir adhéré à des mouvements progressistes dont quelques membres étaient communistes, ou pour avoir participé à des organisations libérales, et les innocentent moyennant le versement d'une redevance.

---

96 *Hollywood's Blacklists,* p 129

C'est quand son nom apparaît en 1950 dans une liste de 151 personnalités du monde du spectacle dans *Red Channels*, le rapport de ABC sur l'influence communiste à la radio et la télévision, que le scénariste communiste Walter Bernstein se rend compte qu'il est sur la Liste Noire ; pour pouvoir continuer de travailler pour la chaîne CBS, il doit alors dans un premier temps accepter d'écrire sous un nom de plume, mais très vite il est contraint d'employer toute une série de prête-noms ; il ne pourra écrire de scénario sous son nom que huit ans plus tard, lorsque, sous la pression de Carlo Ponti, le dirigeant de Paramount l'aura questionné sur son engagement passé de communiste et aura décidé de l'engager comme scénariste du film *That Kind of Woman* où jouait Sophia Loren.

En même temps que paraissent ces listes de personnes suspectes, se développe toute une industrie lucrative destinée à innocenter les présumés coupables, mais seulement à condition qu'ils acceptent de livrer d'autres noms : Roy Brewer, en collaboration avec l'organisation de cinéastes de droite, la MPA, présidée par l'acteur John Wayne, se charge de réhabiliter des communistes repentis. Le Motion Picture Industry Council, fondé par Brewer en mars 1949, avait une commission de réhabilitation qui, après avoir jugé de la sincérité du repentir d'anciens communistes pour leur aveuglement passé, les orientait vers le FBI et la commission HUAC à qui ils devaient donner les noms de communistes ou de sympathisants ; un ancien avocat libéral, Martin Gang, en liaison avec Roy Brewer, sert aussi d'intermédiaire entre HUAC et les studios. L'American Legion organise avec Eric Johnson une procédure grâce à laquelle les artistes de Hollywood peuvent être disculpés, et les studios d'Hollywood éviter une condamnation systématique : sur les 298 artistes ou techniciens de Hollywood dont les noms furent transmis par l'American Legion aux producteurs, environ une centaine acceptèrent de répondre au questionnaire de l'American Legion et de livrer les noms de nouvelles victimes de la chasse aux sorcières[97]. Si leurs lettres de repentance étaient suffisamment convaincantes, ces employés de Hollywood étaient rayés de la Liste Grise des libéraux suspects, et pouvaient être embauchés par les studios d'Hollywood. Les communistes repentis (1/6 des communistes d'Hollywood) et les libéraux inquiets pour leur carrière après la parution de leur nom sur une liste, furent contraints de faire preuve de contrition avant d'affronter leur comparution devant HUAC et de livrer les noms d'autres personnes suspectes, pour pouvoir être réhabilités. « En 1951, personne ne pouvait avoir un emploi dans l'industrie du divertissement s'il n'avait pas auparavant été publiquement innocenté »[98].

Les scénaristes qui rejetèrent la délation et furent de ce fait sur la Liste Noire des studios ou de la télévision eurent du mal à trouver du travail et durent recourir à des pseudonymes ou des prête-noms, ou alors furent contraints de s'exiler en Europe ou au Mexique, ou d'abandonner une carrière dans le cinéma ; quand ils pouvaient trouver un prête-nom et un emploi, c'était le plus souvent à la télévision, comme ce fut le cas pour Polonsky ou Bernstein ; ils durent accepter une rémunération bien inférieure à celle qu'ils auraient perçue s'ils n'avaient pas été sur la Liste Noire. Le producteur-scénariste Adrian Scott qui fut mis sur la Liste Noire et condamné à de la prison, décrit l'expérience du cinéaste devenu un paria dans son pays : « Vous avez un mode de vie et soudain il vous est brutalement enlevé. Vous devenez une sorte de paria et automatiquement cela amène des changements en vous. Vous avez atteint un certain

97 *The Inquisition in Hollywood,* p 393
98 *The Inquisition in Hollywood,* p 387

niveau et tout est détruit. Tout votre monde s'écroule »[99]. Le cinéaste Walter Bernstein évoque dans *Inside Out,* la même expérience que celle de Adrian Scott, une expérience si douloureuse que sa santé en fut affectée comme celle d'Adrian Scott. Nombre de ces artistes au ban de la société américaine furent privés de leurs passeports jusqu'en 1958 et ne purent se rendre en Europe pour tenter de continuer leur carrière dans le cinéma, ou même de rentrer aux Etats-Unis. Des cinéastes étrangers furent déportés ou interdits de séjour ; ce fut le cas de C. Chaplin, resté citoyen britannique, qui fut privé de visa (il dénonça HUAC dans son dernier film tourné en Grande Bretagne, *A King in New York*). L'American Legion, et l'Eglise catholique se chargèrent d'encourager le boycott de films considérés subversifs. Le tournage de *The Salt of the Earth* qui relate une grève ouvrière au Nouveau Mexique en 1951, produit par trois cinéastes communistes - Paul Jarrico, Michael Wilson, Herbert Biberman - fut troublé par de nombreux incidents violents et l'opposition du parlementaire Donald Jackson, membre de la commission HUAC, du gouvernement américain, de producteurs comme Howard Hughes, et du dirigeant de IATSE, Roy Brewer qui ordonna au syndicat des projectionnistes de IATSE de refuser de projeter le film. Le film ne put être distribué dans sa version en 35 mm aux Etats-Unis.

Comme dans le cas des Dix d'Hollywood, les guildes de talent représentant scénaristes, acteurs et réalisateurs, refusèrent de s'impliquer dans la défense des cinéastes qui furent appelés à comparaître devant la commission HUAC à partir de 1951. La Guilde des acteurs, le SAG, et la Guilde des réalisateurs, le SDG, demandèrent à leurs adhérents

---

99 Jennifer E. Langdon, *Caught in the Crossfire : Adrian Scott and the Politics of Americanism in 1940's Hollywood,* www.gutenberg-e-org/langdon/chapter 10.html, p 51

de signer des serments de non-allégeance au CPUSA. Le SAG refusa même de s'impliquer dans la défense de l'actrice mexicaine du film *The Salt of the Earth* qui fut illégalement expulsée des Etats-Unis avant d'avoir pu jouer dans les dernières scènes du film. La Guilde des scénaristes, le SWG, pourtant longtemps considérée la plus progressiste des trois guildes, décida de coopérer plus étroitement avec la commission HUAC en proposant de lui livrer tous les dossiers du syndicat. Les trois guildes de talent firent partie de l'organisation anticommuniste The Motion Picture Industry Council fondée en 1949 par Roy Brewer qui regroupait syndicats et associations de producteurs décidés à lutter contre la subversion communiste à Hollywood.

Durant la période entre la déclaration du Waldorf Astoria et la reprise des auditions de cinéastes par la commission HUAC, des producteurs engagèrent les services de quelques scénaristes communistes ou progressistes, mais la campagne anticommuniste menée par l'administration Truman et les organisations de droite comme American Business Consultants ou l'American Legion, qui dénonçaient des cinéastes suspects pour leurs liens passés avec des organisations libérales, conduisit les producteurs à adopter une politique anticommuniste plus rigoureuse ; des producteurs considérés libéraux réussirent à louvoyer pour garder leur emploi prestigieux ; le producteur libéral Walter Wanger, qui avait recruté John Howard Lawson et lui avait donné à écrire le scénario de *Blockade*, s'excuse en 1950 d'avoir critiqué six ans plus tôt l'idée que les communistes infiltraient Hollywood, et devient un des producteurs chargés de faire appliquer la Liste Noire à Hollywood. En septembre 1950, il écrit à John Wayne, président de la MPA, pour le féliciter d'avoir dénoncé la « conspiration insidieuse » des Communistes[100]. Dore Schary, vice-président chargé

100 *Hollywood's Blacklists,* p 120

de la production à MGM, continua de tenir un discours libéral, mais appliquait impitoyablement la Liste Noire, dénonce Adrian Scott en 1955[101]. En mars 1952, les studios s'engagent explicitement à ne pas employer les personnes qui refusent de parler en vertu du Cinquième Amendement. L'Association des producteurs déclare que les noms des cinéastes sur la Liste Noire ne peuvent être mentionnés aux génériques de films, même si leurs films ont été réalisés avant la comparution des scénaristes devant la commission HUAC[102]. Lorsqu'ils découvrent la véritable identité d'un scénariste qui avait un nom d'emprunt ou un prête-nom, les producteurs n'hésitent pas à mettre fin au contrat, tout au moins au début des années 50.

La Guilde des scénaristes ne va pas pouvoir défendre le scénariste Paul Jarrico dans le conflit qui l'oppose en 1952 à l'homme d'affaires anticommuniste, Howard Hughes, devenu le producteur de RKO : une clause du contrat de 1941 privait un scénariste de l'aide de son syndicat dans une controverse n'impliquant que le scénariste et le producteur ; dans le procès opposant Jarrico à RKO, le juge considéra que Jarrico, en ayant eu recours au Cinquième Amendement, s'était déconsidéré et qu'il avait violé son contrat avec RKO ; ainsi le juge niait la protection offerte par le Cinquième Amendement de la Constitution. Par la suite, la Guilde donna aux producteurs le droit de ne pas faire figurer les noms de scénaristes aux génériques de films sur la base de leur appartenance au CPUSA pendant les quinze ou vingt années suivantes par un vote de 242 à 61[103]. En 1954, le conseil de direction du SWG adopta un amendement dans sa constitution qui faisait du SWG,

101 Adrian Scott, Blacklist, the Liberal's Straightjacket and its Effect on Content, *Hollywood Review,* September-October 1955, p 1 and 3

102 *I'd Hate Myself in the Morning,* p 146

103 *Tender Comrades,* p 341 ; *The Final Victim of the Blacklist,* p 230

fondé en 1933 pour défendre les intérêts des scénaristes, un collaborateur de la commission HUAC : « Aucune personne ne pourra rester membre de la Guilde ou de quelconque de ses sections qui refuserait de témoigner devant la commission HUAC ou toute autre commission du Congrès dûment constituée, qu'il est un membre du Parti communiste, ou qui est condamné par une juridiction compétente pour avoir consciemment ou délibérément prôné, encouragé, conseillé ou enseigné la nécessité désirable et juste de renverser ou de détruire le gouvernement américain par la force et la violence ». « Nous étions placés sur la Liste Noire par notre propre syndicat » constate Lester Cole[104], lui qui avait été un des premiers cinéastes en février 1933 à lutter pour la création d'un syndicat qui protégerait les scénaristes. A partir de 1954, un scénariste travaillant sous un nom d'emprunt ne pouvait même pas devenir membre de la Guilde des scénaristes, ce qui rendit la situation des scénaristes sur la Liste Noire encore plus précaire.

Selon Ceplair et Englund, au printemps 1951, les seuls soutiens des personnes appelées à comparaître devant HUAC étaient le CPUSA et la branche de Hollywood du « National Council of Arts, Sciences and Professions » ou H-ASP (depuis 1948, l'organisation ASP-PCA s'était transformée pour devenir H-ASP) regroupant alors presque les mêmes adhérents que le CPUSA. C'est le scénariste communiste Paul Jarrico qui en préside la section film et organise la production d'un film pour soutenir les Dix d'Hollywood. Il sera assigné à comparaître devant HUAC en 1951. ASP disparaît à l'automne 1955.

104 *Hollywood Red,* p 355

Les nouvelles orientations de la production cinématographique

Mais outre la nécessité de devenir des informateurs s'ils voulaient être disculpés, les cinéastes libéraux devaient accepter la droitisation de la vie politique ; dès octobre 1947, Richard Nixon, membre de la commission HUAC, avait demandé aux producteurs interviewés en tant que témoins coopératifs de produire des films dénonçant les méfaits du communisme ; la même année, Ayn Rand, née en Russie et devenue chantre du système capitaliste aux Etats-Unis, publie pour la MPA *un guide cinématographique pour les Américains* ; selon ce manuel, les scénaristes ne doivent pas calomnier les industriels ou les riches, déifier l'homme ordinaire ou glorifier ce qui est collectif[105]. Les cinéastes libéraux furent invités à collaborer à la cinquantaine de films anticommunistes que les producteurs lancèrent alors sur le marché, et à renoncer à écrire des scénarios avec un contenu social et critique. Le producteur de RKO, Howard Hughes, testait les candidats à un emploi dans son studio en leur proposant de réaliser *I Married a Communist (The Woman on Pier 13),* 1949; Joseph Losey refusa et fut éliminé ! Le film *I was a Communist for the FBI* de 1951, est caractéristique de la propagande anticommuniste dans le cinéma des années 50 : le héros infiltre une cellule du Parti communiste de Pittsburg pour le compte du FBI pour déjouer les machinations criminelles d'un dirigeant communiste. Le film fut projeté à Pittsburg lors même du procès du dirigeant communiste de Pittsburg, Steve Nelson, qui dut assurer lui-même sa défense, faute d'avoir pu trouver un avocat pour le défendre, bien qu'il n'ait commis aucun crime ; les jurés du tribunal le condamnèrent à vingt ans de prison[106].

---

105 *The Final Victim of the Blacklist,* p 12

106 *The Un-Americans,* deuxième partie : Five Minutes to Midnight

Jarrico pense aussi que la vraie cible de HUAC était les cinéastes libéraux même s'ils n'étaient pas mis sur la Liste Noire : « en abandonnant le navire, ils se sont laissés noyer. Ils ont perdu leur liberté. Il y avait bien plus de libéraux que de communistes et ils ont écrit certains des meilleurs scénarios - par exemple le scénario de Nunnally Johnson des *Raisins de la colère*. Eh bien, lorsque HUAC l'a emporté, ils ne pouvaient plus écrire ces scénarios, même s'ils n'étaient pas sur la Liste Noire »[107]. Le réalisateur libéral William Wyler partage ce point de vue : durant les auditions de témoins d'octobre 1947, il se rendit compte qu'il ne pourrait pas faire maintenant son célèbre film *The Best Years of Our Lives* sur trois GIs de retour aux Etats-Unis, qu'il avait réalisé l'année précédente, si la commission Thomas l'emportait[108]. Après les auditions de témoins, il s'exclama : « en pensant aux grands films des vingt dernières années, je suis choqué de me rendre compte combien nombre de ces films ne pourraient pas être faits aujourd'hui de la même façon » . En 1953, Dalton Trumbo affirme que l'un des objectifs de la commission HUAC était « d'enlever tout contenu progressiste aux films » et il ajoute « Je pense que le contenu des films était meilleur en 1943 qu'en 1953 »[109]. En 1955, le producteur Adrian Scott fait le bilan des huit années de production cinématographique depuis l'instauration de la Liste Noire ; comme Jarrico et Wyler, il estime que « sous le prétexte de démasquer une poignée de présumés communistes, l'objectif de la commission HUAC était de dégrader l'héritage politique et social du libéral et de le faire rentrer dans le rang dans la poursuite de la guerre froide »[110]. Pour trouver du travail, le cinéaste doit se soumettre à un examen de ses activités passées et présentes

---

107 *Tender Comrades,* p 347

108 *The Final Victim of the Blacklist,* p 10

109 *The Hollywood Writers'Wars,* p 286

110 « Blacklist, The Liberal's Straightjacket and its Effect on Content », *Hollywood Review,* September-October, 1955, p 3

par chacun des studios susceptibles de l'embaucher, et se conformer strictement aux exigences des studios. Sous le New Deal et durant la seconde guerre mondiale, les films américains qui avaient compté reflétaient des valeurs humanistes, démocratiques et antifascistes et n'évitaient pas des sujets controversés, même s'ils ne les abordaient pas de front ; mais depuis 1947, les films des cinéastes libéraux les plus talentueux ne reflètent plus ces valeurs et n'abordent plus des questions sociales. Après 1951, la commission HUAC est parvenue à éliminer les idées du cinéaste libéral ; les nouveaux films témoignent d'une complaisance dans la violence sans qu'il y ait de critique sociale proposant des remèdes ou même expliquant cette violence, et d'une glorification de l'homme d'affaires et du militaire discipliné et brutal, souhaitée par la commission HUAC et la MPA; Scott en arrive à la conclusion qu'« en succombant au conformisme politique, le cinéaste libéral a sacrifié au conformisme culturel ». Les historiens Ceplair et Englung confirment cette analyse lorsqu'ils écrivent : « la subversion' servait de prétexte pour réduire au silence un libéralisme culturel et humaniste - un libéralisme du cœur - qui, aux yeux de la droite américaine, infectait constamment l'atmosphère dans laquelle étaient faits les films d'Hollywood »[111]. Adrian Scott ne mentionne pas que certains scénaristes choisirent d'écrire des scénarios de films policiers, de gangsters, des thrillers, où la critique de la société de consommation d'après-guerre s'exprime dans une peinture de l'aliénation, de la corruption et de la dégradation, et reflète le désenchantement de la deuxième partie des années 40 après l'optimisme de la période de guerre. Selon les historiens Buhle et Wagner, certains des films qualifiés de « noirs » constituaient la seule possibilité qui restait pour des cinéastes contestataires d'exprimer une position politique dissidente, même si elle n'était pas

111 *The Inquisition in Hollywood,* p 254

accessible au plus grand nombre, et peu rentable d'un point de vue commercial. *Force of Evil*, 1948, porte un regard impitoyable sur la corruption généralisée de Wall Street ; « il n'y avait pas d'espoir ici : c'était un monde noir, en effet »[112].

En fait, selon les historiens Ceplair et Englund, seulement 10 % des cinéastes sur la Liste Noire parvinrent à retrouver un emploi dans l'industrie du cinéma[113] ; certains qui s'exilèrent au Mexique, en Grande Bretagne, en France, en Italie, en Grèce ou à Madrid, rencontrèrent des difficultés, mais réussirent à continuer une carrière cinématographique ; mais ce ne fut pas sans regretter, comme l'a dit Joseph Losey à la fin de sa vie, de n'avoir pas eu la possibilité de parler de leur propre société [114]; d'autres trouvèrent du travail à New York en participant à des séries télévisées comme Polonsky, Bernstein et Manoff, mais pour beaucoup de cinéastes, leur carrière fut interrompue pendant toutes les années 50 et 60, et leurs chances de retrouver un emploi dans l'industrie du cinéma bien compromises après une si longue absence.

Le cas de Adrian Scott est significatif : il avait produit *Crossfire* en 1947, le premier film américain contre l'antisémitisme dans l'armée ; le film avait déplu au FBI et avait conduit le producteur Scott et le réalisateur Dmytryck devant la commission HUAC ; Scott prévoyait de produire *The Boy with Green Hair*, un film pacifiste, fort suspect en pleine guerre froide, qu'il ne put terminer étant appelé à comparaître devant la commission HUAC ; Howard Hughes, maintenant à la tête du studio RKO, fit remanier le script après avoir engagé Stephen Ames comme producteur. Condamné par la commission HUAC en octobre 1947, à

---

112 *Radical Hollywood,* p 347
113 *The Inquisition in Hollywood,* p 347
114 Paul Buhle & David Wagner, *Hide in Plain Sight,* p 246

sa sortie de prison en 1951, Scott décide pour le principe d'attaquer en justice RKO pour rupture illégale de contrat, s'endette et compromet sa santé en allant jusqu'à la Cour suprême pour faire respecter son droit ; sans travail et sans projets d'avenir, il entreprend une psychanalyse et épouse une jeune femme qui avait contribué à la syndicalisation des scénaristes de la télévision et qui était, elle aussi, sur la Liste Noire ; elle devient son prête-nom pour son travail de scénariste de séries de télévision britannique. Adrian Scott se voit promettre un emploi à MGM-Londres, mais après des déceptions sur le plan professionnel, retourne à Hollywood en 1968 où Universal lui offre un contrat de deux ans en tant que producteur. Mais au bout d'un an, le studio annule le contrat pour la deuxième année et lui offre un dédommagement de 75 centimes pour un dollar qu'il décide d'accepter, mais sombre alors dans la dépression. Sa femme écrit : « Je me rendais compte qu'il n'écrivait pas de scénarios modernes. Maintenant son merveilleux talent ne lui servait à rien »[115]. En 1971, il meurt d'un cancer à l'âge de soixante ans après avoir eu la joie de produire un film de télévision sur une histoire courte écrite durant sa jeunesse avec des acteurs qui avaient tous été sur la Liste Noire.

115 *Tender Comrades*, p 605

Les cinéastes communistes d'Hollywood et le CPUSA

De loyaux citoyens américains

Tous ces cinéastes étaient officiellement exclus de leur profession et condamnés à l'exil ou à l'anonymat pour conspiration contre le gouvernement américain, bien qu'ils aient sincèrement témoigné de leur attachement à leur pays, en privé et devant la commission HUAC. Philip Dunne, le cinéaste libéral anticommuniste, écrit en 1980 : « Je ne crois pas que ceux qui adhérèrent au Parti communiste, le firent avec l'intention de saper notre forme de gouvernement ou de fomenter une révolution violente ou d'agir en tant qu'agents soviétiques ou de faire n'importe laquelle des autres choses qu'une grande partie des Américains pensent que fait un communiste »[116]. Don Gordon, qui fut mis sur la Liste Noire, déclarait en 1988 dans une interview : « Il n'y eut jamais de programme de révolution à ma connaissance, excepté dans les livres, les théories »[117]. L'acteur Lionel Stander qui avait contribué à l'organisation de la Guilde des acteurs, qui avait refusé de franchir les piquets de grève du CSU, et qui avait eu l'audace d'accuser directement la commission HUAC d'être anti-américaine, fut placé sur la Liste Noire de 1951 à 1965, tout en n'ayant jamais adhéré au CPUSA ; il déclara dans une interview à la fin

116 *Take Two,* p 110
117 *Hollywood's Blacklists,* p 17

des années 90 qu'il n'avait jamais entendu quiconque parler de renverser le gouvernement américain[118]. Le scénariste Maurice Rapf qui quitta Hollywood et le CPUSA en 1947, mais se déclarait encore communiste lors de son interview à la fin des années 90, affirme : « Je n'ai jamais connu quelqu'un dans le CPUSA - au cours de toutes ces années où j'en ai fait partie, une très longue période - qui n'ait eu d'autres objectifs que des objectifs humanistes. C'est sûr que parmi les gens que je connaissais, il n'y a jamais eu de tentative de renverser le gouvernement des Etats-Unis »[119]. L'acteur M. Knox déclare qu'après la guerre dans son groupe new-yorkais, si quelqu'un parlait de renverser le gouvernement, il était expulsé, car on le soupçonnait d'être un agent provocateur du FBI[120]. En fait, rappelle Ring Lardner : « en dehors de quelques sessions de formation sur le Marxisme, nous avions passé le plus clair de notre temps au Parti à organiser et renforcer les guildes et les syndicats dans l'industrie du cinéma. Durant la guerre, nous avions encouragé nos collègues et employeurs à faire de leur mieux pour amener la défaite de l'Allemagne et du Japon. Ce que nous n'avons pas fait, c'est d'agir en espions pour le compte de l'Union soviétique »[121] .

Pourquoi ils ont adhéré au CPUSA ?

Aussi bien dans leurs mémoires que dans les interviews données dans *Tender Comrades*, les cinéastes répètent que la gauche « disait tout ce que tout le monde croyait et voulait entendre ; elle représentait tous ceux qui croyaient dans la décence humaine, la justice et l'égalité et qui étaient contre

118 *Tender Comrades,* p 619
119 *Tender Comrades,* p 538
120 *Tender Comrades,* p 366
121 *I'd Hate Myself in the Morning,* p 7

le racisme et la bigoterie. Et le Parti communiste prenait toujours une position ferme et déterminée »[122], reconnaît Lionel Stander. Pour Alvah Bessie qui combattit dans les Brigades internationales en Espagne, le CPUSA « était la seule organisation qui luttait vraiment contre le fascisme dans le monde, qui luttait vraiment contre le chômage, la discrimination raciale, le chauvinisme national »[123]. Paul Jarrico et sa femme, Sylvia Jarrico avaient rejoint le CPUSA pour les mêmes raisons. Nombreux sont ceux qui adhérèrent au CPUSA parce qu'ils admiraient les militants communistes[124]. Pour la scénariste Norma Barzman, « la plupart des communistes (de Hollywood) étaient des militants convaincus, qui consacraient leur argent, leur temps, leur énergie, toute leur vie, de façon idéaliste » à une cause dans laquelle ils croyaient : « que le socialisme rendrait le monde meilleur »[125]. Ils étaient des modèles que de jeunes cinéastes souhaitaient émuler. Pour Julian Zimet qui, à la différence de la plupart des communistes américains qui avaient adhéré au CPUSA dans les années 30 et durant la guerre, ne rejoignit le CPUSA qu'en 1946 à l'âge de 27 ans, malgré la lecture de *Le zéro et l'infini,* et son opposition au Stalinisme, « le Parti communiste des Etats-Unis semblait l'organisation qui offrait la seule possibilité de lutter pour les idéaux et les causes dans lesquels je croyais »[126]. Des années après leur engagement en tant que membres du CPUSA, nombreux sont les anciens scénaristes d'Hollywood qui ne renient pas ce passé de militantisme même s'ils n'étaient pas marxistes ; c'est le cas de Guy Endore ou de Albert Maltz qui cherchaient par dessus tout plus de justice sociale dans leur pays. Durant la

---

122 *Tender Comrades,* p 609
123 *Tender Comrades,* p 97
124 W.Bernstein dans *Inside Out,* p 138, Bess Taffel dans *Tender Comrades,* p 637
125 *Tender Comrades,* p 6
126 *Tender comrades,* p 724

guerre, « les gens qui étaient les plus impliqués dans l'effort de guerre, les plus organisés, c'était les communistes. Je ne pouvais être en désaccord avec leurs positions », rapporte la scénariste Bess Taffel[127]. La scénariste Anna Froelick reconnaît que les communistes avaient joué un rôle de premier plan dans la lutte pour organiser le SWG et défendre les droits des cinéastes, et qu'ils étaient bien en avance sur le reste de leurs concitoyens dans leur défense des droits des Afro-Américains[128]. Envoyé à Hollywood par le Parti communiste, John Weber devint lecteur de scripts pour finir chef scénariste adjoint ; à la fin des années 90, il résume ce que signifiait être communiste pour les meilleurs scénaristes qu'il côtoya à partir de 1938 : « Les meilleurs scénaristes, et moi aussi, nous avions conclu qu'une personne ne pouvait être un honnête communiste convaincu que si lui ou elle était en même temps un humaniste, pas un froid partisan de certaines idées sur la révolution sociale. Nous étions arrivés par nous-mêmes à cette conclusion que le marxisme n'était pas une sorte d'engagement bolchevique pur et dur... Nous savions seulement que nous étions engagés à construire un monde meilleur. Cela nous rangeait plus du côté de ceux qui se considéraient non pas communistes, mais progressistes, et c'est ainsi qu'il nous fallait opérer à Hollywood. J'écoutais ce qu'avaient à dire les dirigeants de New York - et je n'en tenais pas compte »[129].

Cette remarque est révélatrice des divergences entre la direction du Parti communiste de New York et les cinéastes communistes d'Hollywood. La direction du CPUSA parlait une langue plus proche de celle des marxistes européens que de celle des progressistes d'Hollywood ; ces derniers avaient rejoint le Parti communiste, non pas parce qu'ils

---

127 *The Inquisition in Hollywood,* p 184

128 *Tender Comrades,* p 257

129 *Tender Comrades,* p 689

étaient exploités par les studios, même si c'était souvent le cas, mais par idéalisme, pour défendre des principes dans lesquels ils croyaient, en héritiers de la tradition Jeffersonienne et anti-esclavagiste. De plus, il n'y avait pas de réflexion poussée dans les rangs du CPUSA sur les questions culturelles, et si le Parti laissait une grande liberté aux cinéastes de Hollywood, ces derniers n'entretenaient pas d'étroites relations avec le commissaire à la culture, V. J. Jerome, quand il venait à Hollywood, à l'exception de John Howard Lawson. Abraham Polonsky, interviewé à la fin des années 90, porte un jugement sévère sur la contribution du Parti en matière de création cinématographique : « La forme de marxisme du Parti n'avait aucune chance de prévaloir ici (à Hollywood), ni à New York non plus, parmi les intellectuels »[130].

Leur attitude envers l'URSS et le CPUSA

Mais c'est sur le soutien inconditionnel du CPUSA à l'URSS que les communistes d'Hollywood vont petit à petit se détacher du Parti communiste. Les procès des années 30 ne les conduisirent pas à condamner le Stalinisme car la plupart d'entre eux s'estimaient insuffisamment informés et ne faisaient pas confiance aux reportages de la presse occidentale. John Howard Lawson, en fervent défenseur de l'URSS, s'était aliéné beaucoup d'intellectuels en 1937 ; ce n'est que des années plus tard qu'il admettra : « Si j'avais été au courant des crimes commis par Staline, j'aurais reconnu les faits »[131]. La volte-face de la direction du CPUSA à la fin du mois d'août 1939 bouleversa les cinéastes communistes comme Paul Jarrico et sa femme Sylvia[132] ; ils ne mirent

130 *Tender Comrades*, p 494

131 *The Final Victim of the Blacklist*, p 126

132 *The Marxist and the Movies*, p 48

pas ouvertement en question le changement brutal de la ligne du CPUSA qui, de la lutte contre le fascisme depuis 1936, prôna la neutralité lorsque fut signé le pacte Molotov-Ribbentrop le 24 août 1939 ; ils acceptèrent l'explication du pacte donnée par le CPUSA : la politique des démocraties occidentales qui avaient jusque-là refusé toute alliance avec l'URSS et même souhaité que l'Allemagne nazie mette fin au régime bolchévique, avait conduit Staline à signer ce pacte de non - agression pour gagner du temps[133]. Les cinéastes Maltz et Trumbo étaient résolument pacifistes et considéraient que les Etats-Unis avaient contribué à saper la sécurité collective en refusant toute alliance avec l'URSS. Mais après quatre années de luttes contre le fascisme, il était difficilement acceptable pour la majorité des communistes américains que la guerre en Europe soit devenue, selon la direction du CPUSA « une guerre impérialiste dont les bourgeoisies de tous les belligérants étaient également responsables »[134]. Bernard Vorhaus déclare qu'il ne voulait pas que les partis communistes réduisent leurs activités antinazies[135]. De l'avis de Polonsky, « le CPUSA aurait dû avoir sa propre position antifasciste indépendante »[136]. La scénariste Norma Barzman pense trente ans plus tard qu'elle n'aurait pas adhéré au CPUSA si elle était arrivée à Hollywood avant juin 1941 « parce que je n'aurais pas pu encaisser la ligne du Parti qui défendait le pacte »[137]. Le pacte bouleversa le scénariste Donald Ogden Stewart, alors président de la Ligue antinazie de Hollywood et de la Ligue des écrivains américains ; il prit position contre la nouvelle politique de son Parti : « La Ligue antinazie de Hollywood, dont j'avais été si fièrement le président depuis sa création, se désintégra lentement, mais inévitablement, quand la

133 *Tender Comrades,* Lionel Stander p 617, Bernard Vorhaus, p 673
134 *The Inquisition in Hollywood,* p 143
135 *Tender Comrades,* p 673
136 *Hollywood's Blacklists,* p 21
137 *Tender Comrades,* p 3

nouvelle ligne pacifiste du CPUSA fut revendiquée, et j'informai la Ligue des écrivains américains, quand ils essayèrent de faire adopter de force la même politique à leurs adhérents, que je ne voulais pas en être le président au prochain congrès » . C'est avec soulagement, et même joie dans le cas de Stewart, que les communistes d'Hollywood apprirent l'invasion de l'URSS par les Nazis en juin 1941, et la décision du CPUSA de reprendre la lutte contre le fascisme, et de soutenir la politique de Roosevelt. Ce n'est que plus tard qu'ils regretteront de ne pas s'être pas opposés à l'internement des Américains d'origine japonaise, et de n'avoir pas dénoncé la préservation des intérêts impérialistes américains et britanniques durant la guerre contre Hitler[138].

La dissolution du CPUSA par le dirigeant Earl Browder annoncée en janvier 1944 et son remplacement par une Association politique communiste n'étaient plus de mise en milieu d'année 1945 ; par l'intermédiaire d'un article de Jacques Duclos, le Kremlin dicta alors la nouvelle ligne politique du CPUSA : fin du « Browderisme », retour à la lutte des classes après le Front populaire des années de guerre et le soutien du CPUSA à des candidats libéraux sous la direction de William Z. Foster, partisan d'une ligne résolument critique de la politique de l'administration Truman. Polonsky qui n'avait pas ménagé ses critiques à l'égard de Browder par le passé, regrette le changement brutal de politique du CPUSA sous la pression de Moscou, qui consistait « à faire avaler de force une politique révolutionnaire arbitraire aux communistes américains »[139]. A la fin des années 90, Lionel Stander confesse qu'il partageait le point de vue de Browder et reprend l'expression de certains communistes d'Hollywood : « Browder parlait un langage

138 *Tender Comrades,* John Bright, p 150
139 *Film and Politics in America,* p 121

que les Américains comprenaient »[140]; pour le scénariste communiste John Bright, Browder eut tort de collaborer avec l'administration Roosevelt quand le CPUSA aurait dû soutenir Roosevelt sur certaines questions, et le critiquer sur d'autres[141].

L'affaire Maltz opposa Albert Maltz – un des Dix d'Hollywood - à la direction du Parti en 1946 lors de la publication d'un article de Maltz dans le journal communiste *New Masses* dans lequel il expliquait qu'une œuvre d'art devait être jugée pour son originalité créatrice et non pour la position politique de son auteur. Soutenu par Abraham Polonsky, John Weber, Arnold Manoff et John Bright, Albert Maltz battit pourtant en retraite deux mois plus tard. Certains cinéastes communistes regrettèrent de n'avoir pas pris sa défense, tandis que d'autres, comme Jules Dassin, se déclarèrent solidaires de Maltz. Les historiens McGilligan et Paul Buhle rappellent que de nombreux communistes « repentis » mentionnèrent l'affaire Maltz pour justifier leur dénonciation du sectarisme intransigeant du CPUSA devant la commission HUAC, quand ils avaient été parmi les critiques les plus acerbes de Maltz en 1946 et avaient alors soutenu la ligne politique du CPUSA[142]. Pour Polonsky, l'affaire Maltz était la résurgence d'un vieux conflit entre la direction du CPUSA et les communistes de Hollywood qui jugeaient que « le Parti, s'il les aidait dans l'organisation de syndicats, ne pouvait pas aider les écrivains dans leur travail d'artistes »[143]. En 1956, le CPUSA fit amende honorable à propos de l'affaire Maltz, mais entre-temps le CPUSA avait fourni à la droite des arguments pour fustiger sa conception étroite de la culture dictée par le Politburo.

---

140 Tender Comrades, p 619
141 *Tender Comarades,* p 151
142 *Tender Comrades,* p 46
143 *The Hollywood Writers' Wars,* p 237

Le scénariste Ring Lardner, tente d'évoquer l'état d'esprit des communistes assignés à comparaître devant la commission HUAC en 1947 : « ni moi, ni aucun de mes amis dans le Parti, nous ne voulions que les Etats-Unis adoptent le modèle soviétique Nous déplorions l'absence d'élections libres, le culte de la personnalité autour de Staline et l'atmosphère générale d'embrigadement. Tous ces défauts, nous les attribuions à l'absence d'une tradition démocratique dans ce pays avant la transition au socialisme. En Amérique, nous pensions, la conversion à un système économique rationnel s'accomplirait pacifiquement par des élections. Nous nous attendions à ce que, sous un régime socialiste marxiste, la Russie devienne plus, et non moins, démocratique, et le fait que cela n'arrivait pas commençait à soulever des doutes parmi nous alors même que nous confrontions la commission »[144].

Dès la fin de l'année 1946 quand les 17 membres de la direction du Comité antifasciste en faveur des réfugiés espagnols (JAFRC) furent accusés d'outrage au Congrès pour avoir refusé d'ouvrir leurs archives et de répondre aux questions de la commission HUAC, le CPUSA se sentit menacé ; à partir du printemps 1947, de la promulgation du décret-loi sur les tests de loyauté en mars et de la liste des organisations subversives par le Ministre de la justice en avril, puis de l'arrestation des cadres du Parti en juillet 1948, le CPUSA fut contraint d'adopter un profil bas pour tenter de survivre en tant qu'organisation politique ; les adhésions au CPUSA vont passer de plus de 70 000 en 1946 à moins de 25 000 en 1954[145] et tomber à 10 000 en 1956[146].

---

144 *I'd Hate Myself in the Morning,* p 6
145 *Political Repression in Modern America,* p 369
146 *The Inquisition in Hollywood,* p 370

Au début des années 50, après la condamnation des Dix d'Hollywood et les nouvelles auditions de témoins par la commission HUAC, Walter Bernstein décrit un parti « qui était trop sur la défensive pour avoir quelque programme viable ou peut-être était-il simplement à court d'idées qui avaient un sens. Il avait perdu le contact avec les Américains ordinaires, qui avait existé durant la Grande Dépression et la guerre »[147]. Bernstein évoque les réunions du Parti et les rencontres privées où les militants sur la Liste Noire voulaient à tout prix maintenir leur unité face à l'hostilité générale de la société, et cherchaient à éviter d'aborder des questions dérangeantes sur l'Union soviétique, alors que la chasse aux sorcières s'intensifiait aux Etats-Unis : « les syndicats avaient perdu leurs dirigeants les plus militants, les universités leurs enseignants les plus progressistes, le gouvernement ses fonctionnaires les plus courageux. La déraison régnait sur le pays »[148]. Le Parti n'abordait pas la question de l'URSS de façon honnête et intelligente, selon Bernstein, et il n'y eut pas de remise en cause du Stalinisme par le CPUSA à la mort de Staline en 1953. Les révélations de Khrouchtchev au XXe Congrès du Parti communiste de l'URSS sur les crimes de Staline ébranlent Bernstein et ses amis, mais ne les conduisent pas à renoncer à leurs convictions ; c'est l'intervention des troupes russes en Hongrie en 1956 qui leur fait abandonner le CPUSA; « J'avais quitté le parti, mais pas l'idée du socialisme, la possibilité qu'il puisse exister un système qui ne soit pas fondé sur l'inégalité et l'exploitation » déclare Bernstein en 1996[149]. Beaucoup de cinéastes communistes interviewés quittent le CPUSA au printemps 1956 quelques mois après le discours de Khrouchtchev sur le culte de Staline, d'autres lors de l'invasion de la Hongrie en novembre 1956. Pour le

147 Walter Bernstein, *Inside Out,* p 212
148 *Inside Out,* p 201
149 *Inside Out,* p 255

scénariste Ben Barzman et sa femme, exilés en Europe, c'est la fin du printemps de Prague qui met fin à leurs espoirs de changement. Après le choc des révélations du XXe Congrès, Paul Jarrico écrit en mai 1956 : « Nous avions contribué à notre isolement par rapport au peuple américain dans notre défense servile de tout ce qui se passait en Russie »[150], et réfutant l'excuse de Albert Maltz qui plaidait l'ignorance des crimes de Staline jusqu'au printemps 1956, « la réponse à cela, c'est que nous ne voulions pas savoir. Nous avons soit refusé de lire des ouvrages critiques des dirigeants soviétiques, soit refusé de croire à ce que nous lisions »[151]. Il souhaite alors un profond changement de la politique du CPUSA: plus de faux-fuyants sur la question des libertés civiques si les communistes veulent que les Américains les écoutent. « Nous devons devenir un parti américain… nous devons réexaminer chaque concept - de Staline, de Lénine, même de Marx, et voir ce qui s'applique à la situation dans ce pays et ce qui ne s'y applique pas… Nous devons nous arrêter de parler une langue que les Américains ne comprennent pas. Nous devrions non seulement apprendre comment parler différemment, mais comment penser différemment »[152]. Mais quand en début d'année 1958, William Z. Foster déclara invalides les décisions prises l'année précédente à la convention nationale du Parti pour opérer ce changement en profondeur, Paul Jarrico quitte le Parti avec plusieurs de ses camarades. La section du Parti de Hollywood se dissout. « La décision du Parti d'accepter que 'ce qui est bon pour l'Union soviétique est bon pour nous' comme orientation fondamentale a été un désastre »[153], juge Paul Jarrico à la fin des années 90.

---

150 *The Marxist and the Movies*, p 168
151 *The Marxist and the Movies*, p 168
152 *The Marxist and the Movies*, p 169
153 *Tender Comrades*, p 335

La fin de la Liste Noire ?

Si une forme de détente entre les deux blocs s'amorce en 1955 au moment de la rencontre entre Boulganine et Eisenhower, les cinéastes américains sur la Liste Noire ne peuvent pas écrire de scénarios ou être embauchés comme acteurs durant les années 50 ; ce n'est que le 16 janvier 1959 que Dalton Trumbo peut révéler qu'il est le scénariste du film *The Brave One* qui avait gagné l'Academy Award pour le meilleur scénario. Le 19 janvier 1961, le producteur Otto Preminger annonce dans le *New York Times* que le nom de Dalton Trumbo figurera au générique de *Exodus.* Mais pour des centaines de cinéastes, la Liste Noire n'était pas vraiment finie : « après presque vingt ans où ils n'avaient pas travaillé dans l'industrie (du cinéma), ou avaient travaillé sous des pseudonymes ou des prête-noms, après presque une vie entière à travailler comme représentants de commerce, barmans ou autres occupations, après tant de temps passé à s'être planqués et avoir perdu tout lien professionnel avec Hollywood, la plupart des cinéastes affectés ne retrouvèrent pas de travail »[154]. Bernard Gorden qui avait été assigné à comparaître devant HUAC en 1952, et avait passé près de treize ans à travailler sous un pseudonyme pour le cinéaste américain Yordan à Madrid, revient à Hollywood en 1967 ; des agents du FBI viennent à son domicile lui poser des questions auxquelles il finit par refuser de répondre. Après une tentative infructueuse à Madrid d'être producteur, Bernard Gorden retourne à Hollywood en 1973 ; l'industrie cinématographique à Hollywood est en plein déclin : alors que le nombre d'entrées dans les salles de cinéma s'était élevé à 80 millions en 1946, le nombre d'entrées était tombé à 17 millions en 1970, et les grands studios d'Hollywood faisaient partie de conglomérats ou étaient en passe d'en

154 Bernard Gordon, *Hollywood Exile or How I Learned to Love the Blacklist,* p 227

faire partie ; Bernard Gorden ne parvient qu'à écrire un scénario sur un roman de Margaret Atwood Scarface pour un producteur canadien, mais ne retrouve plus de travail à Hollywood.

Si la vie des scénaristes communistes était devenue moins difficile à partir des années 60, si un scénariste aussi talentueux et prolixe que Dalton Trumbo put écrire le scénario de *Spartacus* en 1960, deux scénaristes qui n'avaient pas rompu avec le CPUSA, Lawson et Cole, ne pouvaient écrire des scénarios que sous des pseudonymes ; jusqu'en 1970, la constitution de la Guilde des scénaristes interdisait que des communistes puissent adhérer au Writers Guild of America, West, Inc. (le nouveau nom de la Guilde des scénaristes) et les privait d'emploi, sauf s'ils acceptaient de signer une déclaration sous serment qu'ils n'étaient pas membres du CPUSA, ce que refusa Lester Cole[155]. Mais lorsque la Guilde des scénaristes annula en 1970 l'interdiction de 1954 d'accepter des communistes comme membres de la Guilde des scénaristes, Lester Cole avait alors 67 ans ; son nom n'avait pas paru au générique d'un film depuis sept ans ; il ne reçoit plus d'offres de studios. Quant à la Guilde des acteurs, ce ne fut qu'en 1974 qu'elle abolit le serment de loyauté exigé pour être membre de la Guilde. Certes des acteurs qui avaient été sur la Liste Noire furent embauchés sous leur propre nom avant 1974, mais « leurs rôles étaient plus réduits qu'avant la Liste Noire, leur salaire plus bas, et soit leurs noms ne figuraient pas aux génériques, soit ils figuraient en fin de liste comme si les producteurs ne voulaient pas attirer l'attention sur ce qu'ils avaient fait, mais leurs visages apparaissaient à nouveau à l'écran et cela demandait encore un certain courage de les avoir embauchés »[156]. Finalement en 1980,

155 *Hollywood Red,* p 400
156 *Inside Out,* p 262

sous l'impulsion de Paul Jarrico, la Guilde des scénaristes instaura une commission chargée de réparer l'injustice faite à de nombreux cinéastes qui avaient travaillé sous des pseudonymes ou des prête-noms et n'avaient pas eu de reconnaissance officielle aux génériques des films qu'ils avaient écrits.

Conclusion

La terreur de la Liste Noire

Des historiens comme Ceplair et Englund, dont le livre *The Inquisition in Hollywood* parut en 1979, peuvent à juste raison considérer que les persécutions des cinéastes avaient pris fin à la fin des années 70. Ils reconnaissent toutefois la réticence de nombreux cinéastes communistes à parler de leur engagement passé : souvenir douloureux d'inquisitions passées, compréhension réductrice de l'engagement des communistes par ceux qui les interviewaient, risque toujours réel d'admettre ouvertement leur appartenance passée ou présente au CPUSA, de façon plus générale, besoin de la gauche américaine de se protéger depuis les origines de la république. L'interview dans les années 80 du cinéaste et compositeur Edward Eliscu illustre cette réticence des communistes à révéler leur appartenance au CPUSA: à la question « Vous pensez encore qu'il y a des forces oppressives qui vous écraseraient si vous révéliez ce que vous avez fait il y a longtemps ? » Eliscu répond : « oui, et si vous pensez que ce ne sont pas les mêmes forces, vous ne les reconnaissez pas pour ce qu'elles sont »[157]. Cette réticence est bien compréhensible après l'épreuve qu'a constituée la chasse aux sorcières pour un grand nombre de communistes et de progressistes, mais peut-on considérer qu'il s'agit seulement d'un épisode d'hystérie anticommuniste qui est retombée quelques décennies plus tard ? En quoi la

157 *Tender Comrades*, p 249

Liste Noire a-t-elle changé le comportement des citoyens américains ? Peut-on parler d'une réorientation de la culture et de la société américaine après les années du Front populaire et de la guerre durant lesquelles les militants communistes faisaient partie intégrante d'un mouvement progressiste dynamique ? Les milieux d'affaires et les plus hautes instances du Parti démocrate qui ont déclenché la terreur de la Liste Noire en 1947, ont-ils atteint leurs objectifs ?

Il n'y a pas de doute que la terreur de la Liste Noire a marqué les esprits : Hollywood fut saisi de peur au lendemain de la déclaration du Waldorf Astoria qui privait les Dix d'Hollywood d'emploi dans les studios d'Hollywood et instaurait la Liste Noire, écrit Paul Jarrico à des amis à Paris un mois plus tard en décembre 1947[158]. Nombreux furent ceux - communistes, sympathisants ou progressistes - qui se mirent à redouter d'être convoqués devant la commission HUAC, de se voir accuser d'activités subversives, de se fourvoyer dans leurs réponses à la commission, de risquer l'emprisonnement, et de perdre leur emploi. L'instauration de ce système d'inquisition, qui s'accompagnait immanquablement d'une demande de délation, faisait craindre à de nombreux libéraux d'être dénoncés à leur tour, juste pour participation à des organisations jugées suspectes à cause de la présence supposée de communistes, et de se voir priver d'emploi s'ils refusaient d'impliquer d'autres personnes dans cette chasse aux sorcières. « Ce qu'il y avait de plus terrifiant dans l'atmosphère, c'était de voir les gens succomber et toutes les protestations cesser. Parce que si vous protestiez, vous étiez fichu », remarqua le réalisateur Joseph Losey[159]. Tous apprennent alors à adopter un profil bas, à refuser de

158 *The Marxist and the Movies,* p 99
159 *The Inquisition in Hollywood,* p 364

parler ouvertement, à se méfier d'informateurs éventuels, agents du FBI ou opposants de droite qui peuvent devenir des indicateurs, et à renoncer à toute forme de contestation et de participation à des organisations suspectées d'être de gauche, alors que le FBI exerçait une surveillance constante sur toutes les activités politiques et fournissait continuellement des renseignements à la commission HUAC ou au Motion Picture Industry Council. La dernière organisation progressiste issue du Front populaire à Hollywood, l'ASP, disparaît à la fin de l'année 1955 et la section de Hollywood du CPUSA se dissout en 1958.

Ce climat de peur a appauvri le débat politique en privant les Américains de toute opposition de gauche aux deux grands partis qui partagent la même vision du monde en politique étrangère, et ne se différencient que sur quelques points en politique intérieure depuis le Front populaire du New Deal. Selon le scénariste Bernard Gordon, la peur d'exprimer des opinions différentes de celles qui sont officiellement acceptées, et donc acceptables, va durer longtemps[160]. Selon le réalisateur Jules Dassin, qui n'a jamais renoncé à la nationalité américaine, interviewé en Grèce à l'âge de 86 ans en 1997 en préparation du 50e anniversaire des auditions des Dix d'Hollywood, « jusqu'à aujourd'hui, les préjugés, les idées erronées sont plus ancrés que jamais. Les mots 'socialisme' et 'communisme' sont des mots qui choquent la plupart des Américains »[161]. Non seulement il n'est pas question de contester la croisade anticommuniste, mais la peur a été intériorisée en quelques années : « La guerre froide continuait, mais à un rythme moins hystérique. Joseph McCarthy décéda, mais il avait accompli son travail. La peur devint intériorisée et un voile de conformisme enveloppa le pays. Le langage officiel devint terne et timide.

---

160 *Tender Comrades,* p 263
161 *Tender Comrades,* p 209-210

Il y eut un peu d'agitation à propos de la bombe atomique, mais peu d'évaluation critique de quoique ce soit d'autre... Le cinéma se mit au cinérama et aux films en costume d'époque et aux comédies musicales et aux biographies de grands hommes »[162], telle est la description faite par Walter Bernstein de l'atmosphère conformiste de la fin des années 50. Le scénariste Julian Zimet fait le même constat vingt ans plus tard : « La censure imposée par les chasses aux sorcières de l'ère McCarthy et par la guerre froide était entrée dans l'esprit des créateurs de films et de spectacles de télévision. L'opposition systématique des censeurs du Bureau de Breen ou des comités de surveillance de la Légion américaine ou de l'Alliance pour la préservation des idéaux américains n'était plus nécessaire pour mettre fin à un projet : les renoncements se passaient dans l'esprit des scénaristes, des réalisateurs et des producteurs »[163]. L'ère du conformisme avait forcément des répercussions sur la création artistique.

C'est sur la vie politique et sur l'économie que les répercussions de la terreur de la Liste Noire donnèrent les résultats recherchés par la Chambre de commerce des Etats-Unis dans ses cinq rapports sur le communisme : la terreur de la Liste Noire mit fin non seulement à toute velléité de contestation durant les années 50, mais conduisit à une droitisation durable de la vie politique. Dalton Trumbo constate en 1965 que les candidats minoritaires recueillent de moins en moins de voix (le vote indépendant s'est réduit de 17 % de l'électorat à .009% en quarante ans), que l'extrême gauche a été éliminée, que l'extrême droite s'est emparée de l'un des deux grands partis en 1964, et que « la gauche en tant que mouvement qui propose des idées

162 *Inside Out,* p 257
163 *Tender Comrades*, p 736

nouvelles et un changement social décisif, n'existe plus »[164]. Un constat amer sur la vie politique de son pays malgré le mouvement contre les armes nucléaires et le mouvement pour les droits civiques. Ralph Nader fait le même constat près de cinquante ans plus tard lorsqu'il explique en décembre 2013 que « en ce qui concerne les progressistes et les libéraux, le Maccarthysme leur a fait abandonner toute doctrine générale de changement »[165] ; seules des réformes concrètes ont été possibles, mais le capitalisme des grandes entreprises a trouvé le moyen de contourner ou d'annuler ces réformes ; depuis le Maccarthysme, aucun penseur à gauche n'a formulé une doctrine de changement social[166]. Le CPUSA n'a pas disparu légalement, il a perdu toute influence ; quant au courant progressiste, il ne peut compter que sur une poignée d'élus du Parti démocrate et des personnalités comme Ralph Nader qui, à quatre reprises, a tenté de construire un troisième parti.

Trente ans après Dalton Trumbo, le scénariste Bernard Gordon résume en 1997 ce qui est l'autre changement important de la guerre froide, l'augmentation des dépenses militaires depuis la fin des années 40, augmentation vivement souhaitée par les milieux d'affaires aux Etats-Unis dès 1945 : « cette période noire a préparé beaucoup de ce qui a suivi, les régimes de Nixon et Reagan qui ont glorifié la guerre froide présentée comme une sainte entreprise, qui ont utilisé les slogans de l'anticommunisme pour construire une monstrueuse machine militaire qui a virtuellement ruiné le pays et placé le complexe militaro-industriel dans une position si puissante que même aujourd'hui, après la disparition de « l'empire du mal », il ne semble pas qu'il y ait

---

164 Honor Bright and All That Jazz, dans *The Time of the Toad*, p 154

165 Ralph Nader, « McCarthyism Made Us Veer Away From a Systemic Doctrine for Change, RAI (1/3), *The Real News*, 18 décembre 2013

166 *Tender Comrades*, p 262

un moyen d'arrêter les dépenses militaires et l'exportation d'armes » ; elles ont conduit inévitablement à une politique étrangère militariste aux dépens de la protection sociale.

La Liste Noire n'a pas été un épisode douloureux de l'histoire d'après-guerre, la période du Maccarthysme de 1950 à 1954, qui a laissé un mauvais souvenir à la majorité des Américains qui en regrettent ses excès. La chasse aux sorcières et la guerre froide ont été mises en œuvre par les milieux d'affaires et l'administration démocrate dès le lendemain de la seconde guerre mondiale, et leurs premières victimes dans l'industrie du cinéma ont été les techniciens et ouvriers d'un syndicat progressiste, suivis par les cinéastes communistes et progressistes contestataires d'Hollywood. Les historiens ont longtemps mis l'accent sur la période durant laquelle a sévi l'histrion McCarthy de 1950 à 1954 qui a exploité des mouvements de droite hostiles au New Deal et au Front populaire, mais c'est passer sous silence ceux qui furent à l'origine de la terreur de la Liste Noire aussi bien au plan national que dans l'industrie du cinéma, et qui ont utilisé l'anticommunisme pour transformer durablement les mentalités, et bannir tout débat réellement démocratique sur la société et l'économie américaines.

Abréviations

ACLU, American Civil Liberties Union

ADA, Americans for Democratic Action

AFL, American Federation of Labor

CFA, Committee for the First Amendment

CIO, Congress of Industrial Organizations

COMPIC, Communist Infiltration-Motion Picture Industry

CPUSA, Communist Party, USA

CSU, Conference of Studio Unions

EPIC, « End Poverty In California »

FBI, Federal Bureau of Investigation

FEPC, Fair Employment Practices Committee

HDC, Hollywood Democratic Committee

HICCASP, Hollywood Independent Citizens Committee of the Arts, Sciences and Professions

HDC, Hollywood Democratic Committee

HUAC, House Un-American Activities Committee

HWM, Hollywood Writers' Mobilization

IATSE, International Alliance of Theatrical State Employees

ICCASP, Independent Citizens Committee of the Arts, Sciences and Professions

JARFC, Joint Anti-Fascist Refugee Committee

LAW, League of American Writers

MPAC, Motion Picture Artists Committee

MPAA, Motion Picture Association of America (à l'origine MPPDA)

MPDC, Motion Picture Democratic Committee

MPPDA, Motion Picture Producers and Distributers of America

MPA, Motion Picture Alliance for the Preservation of American Ideals

MPIC, Motion Picture Industry Council

NIRA, National Industrial Recovery Act,

NLRA, National Labor Relations Act (loi Wagner)

NLRB, National Labor Relations Board

PCA, Progressive Citizens of America

SACLA, Special Agent in Charge of Los Angeles

SAG, Screen Actors Guild

SWG, Screen Writers Guild

UCLA, University of California in Los Angeles

Bibliographie

Andersen, Thom - Burch, Noël, *Les communistes de Hollywood, autre chose que des martyrs,* Paris : Presse de la Sorbonne nouvelle, 1994

Bernstein, Walter, *Inside Out, A Memoir of the Blacklist,* Boston : Da Capo Press, 2000

Bessie, Alvah, *Inquisition in Eden,* New York : the Macmillian company, 1965

Buhle, Paul and Wagner, Dave, *A Very Dangerous Citizen, Abraham Lincoln Polonsky and the Hollywood Left,* Berkeley and Los Angeles, CA : University of California Press, 2001

Buhle, Paul and Wagner Dave, *Radical Hollywood, The Untold Story Behind America's Favorite Movies,* New York : The Free Press, 2002

Buhle, Buhle and Georgakas, ed. *Encyclopedia of the American Left,* Urbana and Chicago : University of Illinois Press, 1992

Ceplair, Larry, *The Marxist and the Movies, A Biography of Paul Jarrico,* Lexington, Kentucky : University Press of Kentucky, 2007

Ceplair, Larry, *Anti-communism in 20th Century America : A Critical History* : ABC-CLIO, 2011

Ceplair, Larry & Englund, Steven, *The Inquisition in Hollywood, Politics in the Film Community, 1930-1960,* Urbana and Chicago : University of Illinois Press, 2003

Cole, Lester, *Hollywood Red, The Autobiography of Lester Cole,* Palo Alto, CA : Ramparts Press, 1981

Dick, Bernard F., *Radical Innocence. A Critical Study of the Hollywood Ten,* Lexington, Kentucky : University of Kentucky Press, 1989

Dunne, Philip, *Take Two, A Life in Movies and Politics,* New York : Limelight Editions, 1992

Fordham, Benjamin O., *Building the Cold War Consensus, the Political Economy of US National Security Policy, 1949-1951,* Ann Arbor : University of Michigan Press, 1998

Goldstein, Robert Justin, *Political Repression in Modern America from 1870 to 1976,* Urbana and Chicago : University of Illinois Press, 2001

Gordon, Bernard, *Hollywood Exile or How I Learned to Love the Blacklist,* Austin, TX : University of Texas Press, 1999

Griffith, Robert & Theoharis, Athan, ed. *The Spector, Original Essays on the Cold War and the Origins of McCarthyism,* New York : Franklin Watts, Inc. 1974

Horne, Gerald, *The Final Victim of the Blacklist, John Howard Lawson, Dean of the Hollywood Ten,* Berkeley and Los Angeles, CA : University of California Press, 2006

Horne, Gerald, *Class Struggle in Hollywood, 1930-1950, Moguls, Mobsters, Stars, Reds, and Trade Unionists,* Austin, TX : University of Texas Press, 2001

Humphries, Reynold, *Hollywood's Blacklists,* Edinburgh : Edinburgh University Press Ltd, 2010

Kaenel, André ed., *Anti-Communism and McCarthyism in the United States (1946-1954), Paris : Editions Messene, 1995*

Kolko, Gabriel, *The Politics of War, The World and United States Foreign Policy, 1943-1945,* New York : Vintage Books, 1968

Koppes, Clayton R. & Black, Gregory D. *Hollywood Goes to War : How Politics, Profits and Propaganda Shaped World War II Movies,* Berkeley, CA and Los Angeles : University of California Press, 1987

Langdon, Jennifer E., *Caught in the Crossfire : Adrian Scott and the Politics of Americanism in 1940's Hollywood,* www.gutenberg-e-org/langdon/chapter10.html

Lardner, Ring, JR., *I'd Hate Myself in the Morning, A Memoir,* New York : Thunder's Mouth Press/ Nation Books, 2000

Lawson, John Howard, *Film in The Battle of Ideas,* New York : Masses and Mainstream, Inc., 1953

McGilligan, Patrick & Buhle, Paul, *Tender Comrades, A Backstory of the Hollywood Blacklist,* Minneapolis : University of Minnesota Press, 2012

Miller, Douglas & Nowak, Marion, *The 50's, The Way We Really Were,* New York : Doubleday and company, 1975

Neve, Brian, *Film and Politics in America, A Social Tradition,* Abingdon, Oxon, OX14 4RN : Routledge, 1992

Pells, Richard H. *The Liberal Mind in a Conservative Age, American Intellectuals in the 40s and 1950s,* New York : Harper and Row, 1985

Rougé, Jean-Robert et Antoine, Michel, *L'anticommunisme aux Etats-Unis de 1946 à 1954,* Paris : Presses de l'Université de la Sorbonne nouvelle, 1995

Schrecker, Ellen, *Many Are the Crimes. McCarthyism in America,* Princeton, NJ : Princeton University Press, 1998

Schwartz, Nancy Lynn, complété par Sheila Schwartz, *The Hollywood Writers' Wars,* Lincoln, NE : iUniverse.com, Inc. 1982

Stewart, Donald Ogden, *By a Stroke of Luck,* New York : Paddington Press LTD, 1975

Stone, I.F., *The Truman Era,* New York : Vintage Books Edition, April 1973 (première édition Monthly Review Press, 1953)

Stone, I.F., *The Haunted Fifties,* New York : Vintage Books Edition, September 1969 (première édition, 1963)

Theoharis, Athan, *Chasing Spies. How the FBI Failed in Counterinttelligence, but Promoted the Politics of McCarthy in the Cold War Years,* Chicago, IL : Ivan R.Dee, 2002

Trumbo, Dalton, New York : Harper and Row, 1972

Urwand, Ben, *The Collaboration,* Cambridge, MA and London, England : The Belknap Press of Harvard University Press, 2013

Cinéma et Photographie
aux éditions L'Harmattan

Dernières parutions

UN ABÉCÉDAIRE DE LA FANTASMAGORIE
Prélude
Vimenet Pascal - Préface de Marcel Jean
Un abécédaire de la fantasmagorie se distingue de tous les ouvrages parus sur le cinéma d'animation par son architecture et son sujet. Sans visée encyclopédique, ces soixante-quatre entrées questionnent la propagation internationale de la fantasmagorie et ses manifestations dans le cinéma d'animation aux plans graphique, technique, littéraire, politique, philosophique et plastique et forme un ensemble unique retraçant l'histoire des «phantasmagories» jusqu'aux expériences hybrides actuelles.
(Coll. Cinémas d'animations, 39.00 euros, 402 p.)
ISBN : 978-2-343-06514-4, ISBN EBOOK : 978-2-336-38422-1

ART-VIDÉO ET FICTIONS DU QUOTIDIEN
Sur les traces de Bob Santiano / Oublier Zanzibar / Disparitions
Thomas Erika
Cet ouvrage présente trois actions artistiques ayant servi de supports pédagogiques à des cours et ateliers portant sur la création artistique et audiovisuelle à partir du quotidien et ayant été présentées et sélectionnées lors d'événements culturels en France et à l'étranger. Le goût du quotidien et celui du jeu ritualisé associés au désir de faire de l'action artistique le vecteur de nouvelles réélaborations relationnelles et de nouvelles approches spatiales irriguent ces trois actions.
(Coll. Audiovisuel et communication, 18.00 euros, 184 p.)
ISBN : 978-2-343-05904-4, ISBN EBOOK : 978-2-336-38243-2

ESSAIS ET DOCUMENTAIRES DES AFRICAINES FRANCOPHONES
Un autre regard sur l'Afrique
Assiba d'Almeida Irène, Lee Sonia
Il y a presque un demi-siècle, les Africaines entraient dans la littérature afin de prendre publiquement la parole. Aujourd'hui, membres de l'intelligentsia et citoyennes à part entière de leur continent, elles se sont approprié l'essai et le film documentaire. Dans cet ouvrage novateur, les auteures nous font découvrir le dynamisme de la pensée des essayistes et l'acuité du regard des documentaristes

africaines qui se portent, par la parole et l'image, en témoins éclairés de l'Afrique des Indépendances.
(Coll. Écrire l'Afrique, 20.00 euros, 202 p.)
ISBN : 978-2-343-05967-9, ISBN EBOOK : 978-2-336-38229-6

JEAN ROLLIN, ÊTRE ET À VOIR
Jean-Loup Martin
Portrait de Jean Rollin, disparu en 2010, l'un des rares cinéastes français à s'être illustrés essentiellement dans le fantastique. Jean Rollin a frisé le génie en réalisant des films de genre à petit budget, ramant à contre-courant entre la nouvelle vague dorée hexagonale et les ouragans argentés d'Hollywood. À travers de nombreux extraits de ses films fantastiques et du *making-of* de son dernier long métrage, voici une face cachée de Jean Rollin qui était fasciné par les femmes et les vampires. Ce documentaire dévoile sa façon de tourner, unique en France, et permet de mieux comprendre ses films devenus cultes dans le monde entier. BONUS : Journée de tournage (2015, 60 min.). Jean Loup Martin a filmé le 22 janvier 2010 une partie du tournage du dernier film de Jean Rollin, *Le masque de la méduse.*
(20.00 euros)
ISBN : 978-2-336-29715-6

LE CASSE DES CASSES
Florian Hessique
Ludo, chercheur au CNRS de son état, vient d'être licencié pour faute grave. Il ne veut pas que quelqu'un l'apprenne et doit assumer un train de vie soutenu ainsi qu'une pension alimentaire élevée. En désespoir de cause, il se tourne vers son beau-frère Sébastien en espérant qu'il trouve une solution. Après quelques minutes de réflexion, la seule (mauvaise) idée que Sébastien propose à Ludo est de cambrioler la station-service où il travaille avec son ami Nicolas. Bien que très perplexe et connaissant la facilité exemplaire avec laquelle Sébastien arrive à se retrouver dans des situations délicates et à y entraîner les autres, Ludo finit par accepter mais à SES conditions... «Une vraie comédie familiale.» (*Téléstar*)
(20.00 euros)
ISBN : 978-2-336-29707-1

ARGENT, DETTE ET MUSIC-HALL !
Nigel Hollidge, Armel Petitpas, Stefano Amori
Dans un petit théâtre d'aujourd'hui, trois comédiens et un pianiste laissent pour une soirée leurs tracas en coulisse. Car ce soir c'est music-hall ! Tous les talents sont réquisitionnés. Travestis, paillettes et claquettes, magie, impros et ombres chinoises ! Dans un jeu de miroirs et d'allers-retours, le souvenir des années 30 (quand on tentait de se divertir en chansons des traumatismes de la grande crise) résonne avec notre époque, ambivalente et trouble. Des numéros de grand talent lèvent le voile sur la grande illusion aux origines de l'argent. Peu à peu, sur scène comme derrière le rideau, le clinquant se fissure, le vice s'immisce, les intérêts sont mis à jour, à tout moment la bulle menace d'éclater, laissant place peut-être à une autre donne… «*Argent, dette et Music-Hall !* offre la preuve sonnante et fort dansante que le manque de moyens est parfois une chance. Si l'argent ne fait

pas le bonheur, il fait au moins celui des spectateurs le temps de ce spectacle.» (*Marianne*).
(15.00 euros) ISBN : 978-2-336-29719-4

LE CINÉMA, UN ART IMAGINAIRE ?
Yves Patricia
Pourquoi choisir de publier un auteur qui exerce sa vivacité d'esprit contre le cinéma ? Parce qu'il est stimulant de soupçonner encore et sans relâche le rapport entre l'art et le régime politique de la Cité. Et particulièrement le cinéma en tant qu'aboutissement historique des perfectionnements de la capacité mimétique de l'art, une merveilleuse boîte à illusions. Au surplus, cette critique, nourrie de philosophie et de psychanalyse, ne cherche-t-elle pas à nous amener à défendre le cinéma ?
(Coll. Le Parti pris du cinéma, 14.50 euros, 146 p.)
ISBN : 978-2-343-06174-0, ISBN EBOOK : 978-2-336-38151-0

ARCHITECTURE ET DESIGN DANS LES FILMS DE JAMES BOND
Pignol Alexandra, Mroczkowski Stéphane
Il y a un style James Bond. Mélange de design contemporain, d'architecture radicale, le tout plongé dans un environnement technologique menaçant. Ken Adam, chef décorateur de génie, façonne les décors des premiers Bond selon une vision ancrée dans l'époque de la guerre froide, de la conquête de l'espace et de l'architecture radicale, en jouant sur des associations explosives des contraires. Ce livre décode à la fois décors fabriqués en studio et objets créés par des designers. En quoi donnent-ils du sens aux images et à l'action ?
(Coll. Esthétique série Ars, 27.00 euros, 256 p.)
ISBN : 978-2-343-06344-7, ISBN EBOOK : 978-2-336-38166-4

LES IMAGES QUI SE SUIVENT
Réflexion sur la continuité visuelle
Chih-Wei Lin
Les images successives, comme la bande-dessinée, ont toujours attiré notre regard. Néanmoins, en nous penchant sur ces images, nous nous apercevons qu'elles ne sont pas très réfléchies ; et donc nous questionnent. Pourquoi sentons-nous un mouvement même si en réalité ces images ne bougent pas ? Quels sont les faits d'essence de ces images curieuses ? Le temps accompagne toujours le mouvement ; alors quel rôle joue-t-il dans ces images successives ? Composé de théories et d'exemples artistiques, divers domaines sont traversés : la philosophie, la photographie, la cinématographie, l'art plastique...
(Coll. Champs visuels, 24.00 euros, 232 p.)
ISBN : 978-2-343-04440-8, ISBN EBOOK : 978-2-336-37615-8

20 CINÉMATONS OLÉ OLÉ !
Gérard Courant
Au début de l'année 1978, Gérard Courant commence une aventure cinématographique unique : la réalisation d'une vaste anthologie de portraits, appelés cinématons, de personnalités des arts et du spectacle. Un cinématon est le gros plan d'un visage en Super-8 muet. Voici enfin regroupés sur ce dvd les

cinématons les plus «olé olé» de tous les temps...»Gérard Courant a filmé plus de 2800 personnalités (exactement 2880 personnalités - 192 heures au total) et continue sa démarche artistique à travers le temps. Depuis près de 40 ans, sa méthode est toujours restée la même : filmer en une seule prise, sans répétition, en un seul gros plan, sans montage et toujours en 3'20», une personne qui décide elle-même ce qu'elle veut faire devant la caméra. Ce DVD très riche réunit les cinématons les plus sexe et/ou drôles : Noël Godin l'entarteur, Élodie star du X, Brigitte Lahaie, Marie-France...» (2X). BONUS : tournage du cinématon de Salim Kechiouche, 6 couples, documents sur Gérard Courant.
ISBN : 978-2-336-29702-6, 20.00 euros

LES FILMS À VOIR CETTE SEMAINE
Stratégies de la critique de cinéma
Sous la direction de Laurent Jullier
Comme le remarquait Guy Debord, la critique de cinéma est un «spectacle au deuxième degré, où le critique donne en spectacle son état de spectateur même». La mise en scène de ce spectacle a-t-elle des règles ? Suit-elle un rituel précis ? Une douzaine d'auteurs y étudient les stratégies mises en œuvre par les critiques, à différentes époques et dans différents pays, pour exposer leurs goûts ou pour convaincre leur public du bien-fondé de leurs positions. On trouvera en fin d'ouvrage, des entretiens avec des critiques de *Positif* et des *Cahiers du cinéma*.
(Coll. Champs visuels, 26.50 euros, 256 p.,)
ISBN : 978-2-343-05992-1, ISBN EBOOK : 978-2-336-37497-0

DES VIDÉOCLUBS POUR L'AFRIQUE ?
«Salles» de cinéma populaires et lieux de sociabilités au Tchad
Ndiltah Patrick - Préface d'Olivier Barlet
Depuis 20 ans, les salles de cinéma ferment en Afrique. Quelques projets ont reçu un soutien médiatique important, mais qui parle des millions d'Africains qui fréquentent chaque jour les «cinéclubs» où sont projetés des DVD pirates ? L'auteur étudie ces établissements qui prolifèrent au Tchad et dans la plupart des villes africaines, en toute illégalité. Il analyse leur modèle économique, leur programmation, leur public. Il s'agit de «salles» où se construisent à la fois une forme de culture cinématographique et des modes de sociabilité.
(Coll. Images Plurielles, 26.00 euros, 258 p.)
ISBN : 978-2-343-06132-0, ISBN EBOOK : 978-2-336-37580-9

UNE LETTRE NE S'ÉCRIT PAS (DVD)
Guillaume Levil
Julien et Nina établissent un pacte avec l'univers : ils doivent profiter de la vie, quel qu'en soit le prix. Cette décision les mènera-t-elle au bonheur, ou au contraire à leur disparition ? "Un premier long-métrage éclairé." (aVoir-aLire.com) "Des images magnifiques." (Silence-moteur-action.com). Bonus : "Making of" de Theo Semet, *Un Tour de cheville*, court-métrage de Guillaume Levil, bande-annonce du film.
(20.00 euros)
ISBN : 978-2-336-29680-7

L'HARMATTAN ITALIA
Via Degli Artisti 15; 10124 Torino
harmattan.italia@gmail.com

L'HARMATTAN HONGRIE
Könyvesbolt ; Kossuth L. u. 14-16
1053 Budapest

L'HARMATTAN KINSHASA
185, avenue Nyangwe
Commune de Lingwala
Kinshasa, R.D. Congo
(00243) 998697603 ou (00243) 999229662

L'HARMATTAN CONGO
67, av. E. P. Lumumba
Bât. – Congo Pharmacie (Bib. Nat.)
BP2874 Brazzaville
harmattan.congo@yahoo.fr

L'HARMATTAN GUINÉE
Almamya Rue KA 028, en face
du restaurant Le Cèdre
OKB agency BP 3470 Conakry
(00224) 657 20 85 08 / 664 28 91 96
harmattanguinee@yahoo.fr

L'HARMATTAN MALI
Rue 73, Porte 536, Niamakoro,
Cité Unicef, Bamako
Tél. 00 (223) 20205724 / +(223) 76378082
poudiougopaul@yahoo.fr
pp.harmattan@gmail.com

L'HARMATTAN CAMEROUN
TSINGA/FECAFOOT
BP 11486 Yaoundé
699198028/675441949
harmattancam@yahoo.com

L'HARMATTAN CÔTE D'IVOIRE
Résidence Karl / cité des arts
Abidjan-Cocody 03 BP 1588 Abidjan 03
(00225) 05 77 87 31
etien_nda@yahoo.fr

L'HARMATTAN BURKINA
Penou Achille Some
Ouagadougou
(+226) 70 26 88 27

L'HARMATTAN SÉNÉGAL
10 VDN en face Mermoz, après le pont de Fann
BP 45034 Dakar Fann
33 825 98 58 / 33 860 9858
senharmattan@gmail.com / senlibraire@gmail.com
www.harmattansenegal.com